『修身論』の「天」
阿部泰蔵の翻訳に隠された真相

アルベルト・ミヤン マルティン

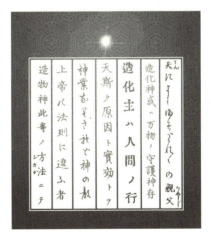

慶應義塾大学教養研究センター選書

目 次

はじめに ………………………………………… 5

第1章　近世から近代へ
　　　──「文明開化」と「学制」の夢　………… 7
1. 国家の近代化:「智識を世界に求める」
2. 教育の近代化:「必ず邑に不学の戸なく家に不学の人なし」

第2章　アメリカから日本へ
　　　── ウェーランドと福澤諭吉の出会い ……… 31
1. ウェーランドと『道徳科学要論』:新世紀のための思想
2. 福澤諭吉と『道徳科学要論』:原書の影響、訳書の普及

第3章　英語から日本語へ
　　　── 阿部泰蔵のジレンマ ……………………… 51
1. 阿部泰蔵と『修身論』:キリスト教の消失
2. 阿部泰蔵の訳し方:「読む人にわかるように」

第4章　Godから「天」へ
　　　── 知らぬ神より馴染みの「天」………… 69
1. 「天」の同質的要素
2. 「天」の異質的要素
3. 「天」の限界:排除された要素

第5章 『修身論』の「天」
　　　── その意味と機能 ………………………… 95

おわりに ………………………………………………… 107
文献案内………………………………………………… 111

はじめに

　明治維新後の1872年に日本では最初となる近代的な教育制度「学制」が誕生した。文明開化の影響を受けながら翌年度から1879年度まで実施された7年の間は、すべての子供たちが通える学校が全国に普及し、欧米諸国に倣って実学主義・立身出世主義・自由主義に基づくカリキュラムが開発された。西洋先進国の近代的な知識を日本に導入するために、欧米で使われる教科書が輸入され、日本語に翻訳された。このような「翻訳教科書」の中では、西洋の倫理・道徳教育を学習対象とした「修身」という教科に採用されたものが特徴的である。その中でも、福澤諭吉の思想にも影響を与えた米国の経済学者フランシス・ウェーランドの著書『道徳科学要論』(縮約版)を原本にした阿部泰蔵訳『修身論』が、唯一文部省から刊行されたものである。この訳書は、義務初等教育の小学二年で使われただけでなく、一般の読物としても広く普及し、大成功を収めた。

元々キリスト教を基盤とするウェーランドの原書は、前編では道徳法則や良心や聖書に関する倫理の理論を述べた上で、後編では基本的人権・自由主義・平等主義に基づいて民主国家における政治・経済などの近代的な社会制度を論じているものである。このような文明国の近代的な倫理観を当時の日本人でも受け入れられる形で普及させようとしていた文部省の下で、『修身論』という教科書・啓蒙書は、どのように翻訳されたのであろうか。

　実は、福澤諭吉の門下生で文部省に勤めていた阿部泰蔵以外にも、多くの人が同時期にウェーランド原書の翻訳版を世に出していた。現在確認できる伝本は10種類を超えており、翻訳書として比較対照した結果、内容が千差万別である。その中でも特に、本書の表紙画像でも確認できるように、God・Creator・Fatherなどの訳語として「天」を使用したのは、阿部泰蔵のみである。それでは、『修身論』の中でこの「天」は、具体的にどのような意味を持ってどのような役割を果たしているのであろうか。

　本書では、日米両国の思想・歴史的背景を踏まえながら以上の質問に答え、翻訳教科書『修身論』の真相を探ることによって、明治日本の教育史と翻訳史の一端を明らかにしていくつもりである。

第1章

近世から近代へ
―― 「文明開化」と「学制」の夢

1. 国家の近代化:「智識を世界に求める」

　　　　泰平の眠りをさます上喜撰、たった四杯で夜も眠れず

　周知のようにこれは、1853年の夏にペリー提督が蒸気船を含む艦船四隻を率いて浦賀に来航し、米国大統領の国書をもって日本に開国の要求を突きつけたことにより、幕府関係者のみならず巷の人々まで与えられた衝撃と不安をたとえた有名な狂歌である。

　江戸時代後半から、幕府・諸藩の財政危機が恒常化しており、武士や農民などの不満が蔓延しているという不安定な国情に、19世紀の初め頃から米国をはじめとする西洋の先進工業諸国の経済的・軍事的圧力による切迫感が加わりつつあった。その中で、黒船の到来は日本がいわゆる封建社会から近代社会へと脱皮しようとした決定的な引き金となったことは言うまでもない。

現在でも、海外から日本に新しいものが入り込んで、安定していたところにある程度の騒動を巻き起こす現象を、「黒船」と比喩することがある。日本の思想史・教育史から見ても、明治初期（1870年代）に英語やフランス語など欧米語から日本語に訳された形で導入された新しい教科書がまさに「黒船」であった。なぜなら、江戸末期までは幕府の方針に基づいて儒学を中心とした教育が行われていたのに対して、新しい教科書はキリスト教を信じる西洋諸国によって作られたものだったからである。さらに、それまで日本人の知らなかった世界の科学や技術だけでなく、地理歴史、政治・経済、社会文化、道徳まで紹介されているものであった。また、翻訳された日本語は、新しい言葉や、古い言葉に新しい意味を持たされた不思議な言葉を含めていたことも重要な特徴となった。やがてこのような「翻訳教科書」の一部は、大人気を博して、明治初期の学校で使用されたり、一般の人々に読まれたりして、新しく生まれた近代日本の思想形成に大きな影響を及ぼすに至った。ちなみに、「翻訳教科書」による西洋の近代的な思想の普及は、偶然に起こった現象ではなく、そもそも明治政府および啓蒙思想家たちの「志」であった。
　1867年の大政奉還・王政復古を経て樹立した新政府の当面する課題は、封建的な支配体制を崩し、日本の鎖国時代に西洋に誕生した近代的な国家体制の基礎を形成することであった。そこで、1868年に天皇は京都御所

内で群臣を従えて、国家の政治理念および基本方針を天地の神々に誓うという形で、「五箇条の御誓文」を布告した（表1）。

　木戸孝允（1833〜1877）が加筆や修正して最終版を作ったこの「御誓文」の内容に基づいて、新しく誕生した明治政府の政策が採り始められたのである。しかし、その方針を具体化して実行したのは、アメリカ合衆国憲法および福澤諭吉（1835〜1901）の『西洋事情』初編（1866）などを参考にして起草された「政体書」（1868）である。「政体書」が発布されることによって、封建的諸制度は撤廃され、三権分立を図って構成された太政官（1868〜85、後に内閣）に全権力が集中された。同時に首都は「東京」に改称された江戸に遷され、国家統一の主な変革として翌1869年に版籍奉還、1871年に

表1　「五箇条の御誓文」の各条が取り扱う主な分野

第一条	広ク会議ヲ興シ万機公論ニ決スベシ	政府・政治
第二条	上下心ヲ一ニシテ盛ニ経綸ヲ行フベシ	行政・財政・経済
第三条	官武一途庶民ニ至ル迄各其志ヲ遂ゲ人心ヲシテ倦マザラシメン事ヲ要ス	社会・生活・権利
第四条	旧来ノ陋習ヲ破リ天地ノ公道ニ基クベシ	外交・法律・風俗
第五条	智識ヲ世界ニ求メ大ニ皇基ヲ振起スベシ	産業・技術 学問・思想

廃藩置県という地方制度改革が断行された。これによって太政官を中心に、近代国家の特徴であった中央集権が確立した。

以上のように近代的な国家体制を作り上げた「政体書」は、その第一条として、「五箇条の御誓文」を国家の基本方針とすることを定めていた。そのために、「御誓文」は、日本の民主主義の出発点であると評価されることもあり、時代が替わるにつれていろいろと解釈されてきた。こうして、主にその政治的な意味だけが注目され、教育面での意義はこれまであまり言及されてこなかったことは、事実である。ちなみに、ここで注目したい第五条は、経済発展のために外国との通商貿易の必要性などを訴えていた横井小楠（1809～69）の言葉「智識を世界万国に取て」（『国是三論』1860年）から採られたと考えられている。

この第五条に基づいて明治政府は、国家の発展を追求するために、それに不可欠とされた学術知識を外国から導入しようとしたのである。黒船来航の後に押し付けられたいわゆる「不平等条約」[1]の改正にも向けて世界の知識を集めようとしていたことも言うまでもない。実は、幕末の遣外使節団に続いて、この「不平等条約」の改正を主な目的として派遣された1871年の岩倉使節団には、欧米の教育制度を視察するための理事官も随行した。それは、設置されたばかりの文部省で大丞[2]を務めていた田中不二麿（1845～1909）であった。

欧米の学校教育を調査した不二麿は、帰国後に西洋の近代的な教育制度を紹介した『理事功程』(1875)の15巻を報告書として提出し、1874年に文部大輔になるなど、明治初期の学校教育の実施に多大な貢献をする人物の一人となった。但し、あまりにも地方分権主義・自由主義的な考え方で、同じ時期に文部省に出仕した久保田譲(1847〜1936、後の文部大臣)の回顧によれば、「余程亜米利加かぶれのした人で、何でも米国のやうに自由にしなければならない」という印象を省内に与えていた事実がある[3]。自分が作成した「教育令」(1879)もその理由で失敗し、早くも翌年に廃止されることとなった。その関係もあって、直ちに教育界を離れて司法省に転じ、後にイタリアやフランスで公使を拝命した。

　不二麿の経験を見てもわかるように、明治初期は積極的に西洋文明の思想や諸制度を受容する傾向にはあったが、限界も認められていた。福澤諭吉でさえ、西洋の思想や習慣を無条件に日本に導入すべきでないと主張する

---

1)「不平等条約」には、幕府がそれぞれ米・蘭・露・英・仏と結んだ「安政五カ国条約」(1858)だけではなく、その後にポルトガルやベルギーやイタリアという欧米諸国と締結した修好通商条約なども含まれる。この条約により、関税自主権を持たずに下田・横浜・長崎・箱館(函館)などの開港を決定し、相手国に片務的最恵国待遇を与えると共に、領事裁判権や在留外国人の治外法権などを認めざるを得なかった。幕府が天皇の勅許なく西洋列強とそのような条約を結んだことは、尊皇攘夷運動の促進などにもつながり、明治維新を引き起こした要因の一つとしてよく知られている。
2) 明治初期の官職の一つ：卿(大臣)、大輔、小輔に続く省内の第4の権力者。
3) 國民教育奬勵會編『教育五十年史』民友社(1922年)5頁。

ことがしばしばあった。明治初期の指導者は、世界の舞台に登場した日本の独立を護るために、日本の精神・特殊性を維持しながら、西洋の思想と技術に基づいて国を成長させるべきであることを覚悟していた。室町初期頃に成立した『菅家遺誡』で述べられた「和魂漢才」をもじって、「和魂洋才」という表現が作られたのもこの時期である。ただ、バランスの取れた近代化を果たすことは大変難しいことであり、そもそもそのバランスの定義も人によって違っていた。

＊　＊　＊

　　チョンマゲ頭を叩いてみれば因循姑息の音がする
　　ザンギリ頭を叩いてみれば文明開化の音がする

　幕末の時代から髷を結わずに西洋風に散髪する風潮が広がりつつあり、1871年に太政官から「散髪脱刀令」[4]が出されると、その傾向がさらに進行して1880年代までに新しい時代の象徴となった。それを背景に流行するようになったこの狂歌で唱えられている「文明開化」という言葉は、福澤諭吉が『西洋事情』外編（1868）の中で初めて使ったcivilizationの訳語である。単独としての「文明」は、同じ『西洋事情』の初編（1866）や、西周（1829〜1897）の『百学連環』（1870）など、同時期の著書・訳書に登場していた。何が違うであろうか。そもそも19世紀の英語辞典などをひもといてみても、

civilizationの定義が曖昧で、およそsavageやbarbarianの対義語としてしか使われていない。これはまさに中華思想における「夷狄(いてき)」に近い意味で、現代語でいうと「未開人」や「野蛮人」に当たるのではないか。それから現在の辞書で調べてみると、ほとんど「文化・科学・産業・政治などの高水準を実現した人間社会の発達した状態」のような定義がなされている。加えて、その状態にある民族あるいは国家、または「文明化していくこと、その過程」を指すと書いてある。明治初期に使われていた「文明開化」とは、この最後の意味であろう。つまり、西洋文明や中国文明などと言うように「文化」の意味に近い「文明」そのものではなく、「高度な文化」を指す普遍的な意味の「文明」を達成するための進行中のプロセスとして解釈することができる[5]。

また、「文明」は、現在の日本語や英語の辞書でもすぐに確認できるように、いわゆる「物質文化」との意味関係が非常に重要である。たとえば、明治初期の場合は、上記の髪型の他に、洋服、肉食、牛乳、レンガ建築やガス灯をはじめとする衣食住の他、交通網(鉄道や蒸気船)、通信(電信や郵便制度)、新聞などの導入・普及

---

[4] この法令は散髪を強制し帯刀を禁止するものではなかった。あくまでも髪型を自由にし、刀を差さなくても構わないという内容であり、軍人や警官以外の帯刀を禁じたのは1876年に布告された「廃刀令」である。
[5] ただ、多くの研究者は、単に、「文明」はcivilization、「開化」はenlightenment(啓蒙)の訳語として捉えている。つまり、「文明開化」はCivilization & Enlightenmentの意味となる。

が「文明開化」の最も大きな影響であると、庶民たちは認識していた。我々も平成30年間における文明発達の最大の象徴を考えてみれば、おそらくパソコンやスマートフォンやタブレットなどといった「ネット端末」を思い浮かべるのではなかろうか。実は、ランダムハウス出版のアメリカ英語の辞書（2018）で調べてみると、civilizationの7番目で最後の定義として、「科学技術が可能にした近代的な快適さや便利さ〔の機器〕」とある。確かに、「文明の利器」と言うように、役に立つ発明などで生活が快適かつ便利になれば、それこそ「文明」と言いたくなる。施設に和式のような古い便所しかない高原での合宿から市街地に戻り、洗浄便座の温かい水をお尻に浴びながら「ああ文明社会に戻って来たな」と身にしみるように感じる若者たちは少なくないはずである。

　明治初期の一般の人々も、「文明開化」を考えたときに日常生活の「快適さ」や「便利さ」と関連付けていたかもしれない。一方では、絶対的権力を持つようになった明治政府は、日本を欧米諸国に対抗できる国家にするために、政治面では近代統一国家の独立を維持しながら、経済面では工業を盛んにする急速な近代化政策を採った。「文明」は、富を生む源であり、産業や経済を豊かにし、人間生活を充実にするものと共に、日本をれっきとした先進国の仲間に入れるための大儀であった。このように「文明開化」は、国が進めていた「富国強兵」や「殖産興業」とも繋げられるようになった。

その関係で、産業革命を起こしていなかった日本は、欧米各国から「お雇い外国人」として知られている各分野の専門家と教育者を国内に招聘し、西洋の先進技術や制度などの輸入を図った。イギリス、フランス、ドイツ、新興国のアメリカからも模範となるべき人物が政府のみならず私的機関や個人からも高額な報酬で雇用された。19世紀末までに、«Boys, be ambitious!»（「少年よ、大志を抱け！」）でよく知られているクラーク博士（1826〜86）をはじめ、数千人もの外国人が日本の近代化に貢献し続けた。

　確かに近代産業の発展が近代化の原動力であったが、その基になったのは、啓蒙思想や近代教育の新しい精神であったことを忘れてはならない。上述した「文明の利器」とは別に、近代的な思想に基づく社会の変化を訴える知識人が多かった。たとえば、先に述べた福澤諭吉や西周は、欧米留学から帰国した外務省の森有礼（1847〜89）の主導の下で、加藤弘之、中村正直、箕作麟祥などという教育家や啓蒙学者たちと手を組んで、1873年に「明六社」という学術団体を結成した。それから『明六雑誌』の発行などにより、人間および国民の自由と権利や、個人の自立を認める近代的政治・社会の制度についての知識、そして欧米諸国の学問・思想を日本国内に広めた。現代においても、上述した「ネット端末」という物質文明が普及する意義は、結局、自由自在なコミュニケーションおよび世界中の知識へのアクセスなど

によって、個人と市民社会の発展の可能性を強化することにある。

このように「文明開化」の時代は西洋の思想がどんどん導入され、精神的な開化が進められた時期であり、近代的諸制度が成立し始めた。たとえば、いわゆる士農工商の身分制が廃止されたあとの「四民平等」のスローガンの下で、1876年の「秩禄処分」により士族層は国からの経済的援助を失い、平民と同様に自力で糧を得る必要が生じた。実は、福澤諭吉は『中津留別之書』（1870）[6] をはじめ初期の作品では既に「自から労して自から食う」の大義を主張していた。なお、『学問のすゝめ』第九編（1874）の中で「汝の額の汗をもって汝の飯を食らえ」と、わざと曖昧に「古人の教え」として紹介しているが、これはもちろん旧約聖書の『創世記』（天地創造や原初の人類を記す最初の書）に登場し、西洋のあらゆる文献に引用される格言、「お前は顔に汗を流してパンを得る」（«In the sweat of thy face shalt thou eat bread»）から来ている。この「パン」は「食べ物」のメタファー（隠喩）であるが、日本はパンを主食としない文化なので、そのまま「パン」と訳せなかったことは明白であろう。

日本政府は、「不平等条約」の改正どころか、西洋諸国による植民地化すら懸念していたため、先進国に自分も仲間であることをアピールするべく、来日したお雇い外国人、外交官、商売人、キリスト教宣教師などのひ

んしゅくを買うような風習・風俗の禁止政策を採ったこともある。たとえば、日本の風呂屋における「男女入込湯」は、寛政時代（1789〜1801）から風紀を重んじて禁止する試みが何度もなされたが、その禁止が徹底されたのは、「文明開化」の時代である。仏教や神道の祭典における男女衣装替えも「醜態」とし禁止され、男性同士の性愛を意味した「男色・衆道」も「現世」にそぐわない「背倫」とみなされ、1873年に「鶏姦罪」として日本では史上初で最後となる禁止を受けた。これらの禁止は、国内でも江戸時代から続いていた風俗習慣などの賛否両論に、キリスト教に基づく性モラルの判断基準がむやみに取り入れられた事例である。なお、1880年代に入ると一部の禁止が解除されたことが、「文明開化」の西洋思想の受容が試行錯誤で行われていたことを如実に物語っている。

　上記のような行政・経済・社会制度などに関わるような改革は、その良し悪しを問わず法的拘束力を持つ法律制度によって地方でも実施されたが、先に述べた衣食住、交通網、通信などの進歩は、横浜や東京などの都市部に限れたものであった。西洋の風俗習慣の摂取も、主に大都市・開港場や一部の知識人に限られ、地方の農村など

---

6)『中津留別之書』は、35歳の諭吉が母親を東京に連れて行くために故郷の中津藩（現在の大分県中津市周辺）に戻って立ち去る前に旧友などに遺した手紙。後に文明開化を推進していた『新聞雑誌』第37号（1872年）に掲載された。

では江戸時代従来の生活習慣が大正時代末期まで続いていたことは、「文明開化」の事実である。

さらには、たとえば一夫多妻は福澤諭吉や森有礼などに男女平等の観点から強く批判されていたにも拘わらず、その制度は維新以降もずっと続いてしまい、法律によって世界の先進国と同様に一夫一妻が確立したのは1898年の民法が制定された後にすぎない。啓蒙思想家たちが志を高く持って抱いていた「文明開化」の夢は、簡単に叶うものではなかった。

2. 教育の近代化:「必ず邑に不学の戸なく家に不学の人なし」

人不学無智　無智為愚人

これは、平安時代に成立し鎌倉時代に普及した庶民のための教科書『実語教』に出てくる言葉である。江戸時代の初等教育で使われ、明治初期のベストセラー『学問のすゝめ』初編（1872）の中でも、「人学ばざれば智なし、智なき者は愚人なり」という形で紹介されている。『学問のすゝめ』の初編と言えば、冒頭の名句、「天は人の上に人を造らず、人の下に人を造らず」とあるが、その文末に「といへり」と書いてあるように、諭吉は自分の考えとしてではなく、どこかから拾ってきた「一般常識」として紹介したかったのであろう。今日では、そ

の言葉はアメリカ独立宣言（1776）の「すべての人間は〔創造神によって〕平等につくられている」(«all men are created equal [by their Creator]»)から作られたと推定されている。但し、謳い文句のように流行した『学問のすゝめ』冒頭の一文には、重要な話が続く。要するに、人間は生まれながら平等であっても、「学問を勤めて物事をよく知る者は貴人となり富人となり、無学なる者は貧人となり下人となる」というわけである。この理論を裏付けるために、諭吉は『実語教』のこの有名な教訓を引っ張り出して、いつものごとく読者の既有知識に頼って訴え機能を働かせていた。それから、その数カ月後に、「不学」という二文字は、「学制」という教育法令の中で目立って現れる。主な起草責任者は、明六社の一人で現在はフランス法学者として知られているが、元々英学者の箕作麟祥（1846〜97）であった。

　国家の近代化を図っていた明治政府は、1871年に文部省を設置し、最初の課題として全国に学校制度を実行することとした。江戸時代中期以降の一般的な児童教育は、士族の子弟が通う「藩校」と一部の庶民が通う「寺子屋」などで行われ、前者では漢学、『論語』をはじめとする儒教の四書五経、武芸（後に蘭学も）などまで教えられていたが、後者における教育はほとんど読・書・算の三教科にとどまっていた（そろばんは場合によれば私塾で学ばれていた）。上述の『実語教』は、道徳や地理を教えるために使われていた「往来物」と呼ばれる教

科書の一つであり、寺子屋における教養の水準を高めた点で現在も高く評価されている。女子は、家庭の中などで主に女性の「たしなみ」を習い、ほとんど就学していなかった。

そこで明治政府は、近代化の一環として、1872年9月4日（明治5年8月2日）に近代学校制度を定めた法令「学制」を公布し、義務教育の徹底的な実施を図ったのである。全国3府64県を8（翌年に7）大学区に分けて本部となる1大学を設置し、さらにその各大学区を32中学区に、各中学区を210小学区に分け、各区にそれぞれ一校ずつ中・小学校を設置することになっており、これが実現されると全国に5万以上の小学校ができるという、大規模の計画であった。基本的に寺子屋が小学校（6～14歳）、藩校が中学校（14～20歳）に再編されたが、擬洋風の校舎を持つ新しい学校なども建築された（図1）。1875年には、およそ3,500万人の人口を抱えていたこの国に、既に2万4,000余りの小学校が存在していた。実は、この半分以下の実績でも、昭和や平成の小学校の数と比べても大差がないことに気づく[7]。さらに、普通の小学校・中学校および私塾とは別に、貧人のための仁恵学校、村落の夜学校、諸民学校、外国語学校、工業学校、農業学校などのような専門学校や、様々な社会問題を考慮にした学校の設置が予定された（建設に至らなかった場合が多い）。教員を養成する「師範学校」も開設されたが、最初は藩校や寺子屋の先生（武士・町

図1　滋賀県長浜市の旧開智学校（1874年建築）[8]

人・僧侶・神主など）も教員を務めた。

　以上のような学区制度は主にフランスに倣って作られ、教育思想や教授方法および教材・教具は、アメリカからの影響が大きかった。教育の理念は、西洋諸国にも見られる立身出世主義や功利主義を強調するものであっ

7）国公立・私立を合わせた数は、1955年は2万6,880校（人口およそ8,900万人）；1985年は2万5,040校（同1億2,100万人）；少子高齢化の2015年は2万0,601校（同1億2,700万人）となる（文部科学省「4. 小学校」『文部科学統計要覧（平成30年版）』http://www.mext.go.jp/b_menu/toukei/002/002b/1403130.htm〔2019年1月27日閲覧〕）。
8）木造漆喰仕上げの擬洋風で太鼓楼を載せた形式が特徴的である。長野県など中部地方で有名となり、全国に広まったとされている（登録有形文化財・2016年著者撮影）。

た。また、政府は、兵役・納税と並ぶ国民の三大義務として、すべての国民に初等教育を受けさせる方針を打ち出し、士農工商の四民平等、男女平等、教育の機会均等という西洋的価値観を部分的に採用した。それから学制の理念を公表した「学制序文」の中で、「自今以後一般の人民（華士族〔卒〕農工商及婦女子）必ず邑に不学の戸なく家に不学の人なからしめん事を記す」と宣言した[9]。つまり、どこの村にも、どこの家にも、学問をしない人なんていてはいけないということにした。

このように、文部省は、全国にあるすべての学校を自分の管轄下に置いて、6歳になった男女を必ず入学させ、特に下等小学と上等小学（それぞれ4年）という初等教育の義務化に力を入れた。それでも、実際の就学率は、「水増し」報告された形でも、非常に低かった（表2）。学制期の最後の年度に当たる1879年までに大阪府のような貿易都市の地域では男子72％、女子60％まで上がっていたが、全国平均で見てみると男子は58％に達しているにも拘わらず、女子は23％にとどまっていた。地域別では、全体的な就学率だけでなく、男女間の差も顕著に表れていた[10]。

低い就学率の主な理由としては、まず、明治初期は子供の労働力がまだ社会から求められている時代であった事実が挙げられる。それだけではなく、授業料が高額で、義務教育を支えるために地方税も増加したため、村人が一揆を起こすこともあるほど反発感が強かった。おまけ

表2 「学制」における学齢児童の就学率[11]

年度	全国平均（%）		大阪府（%）	
明治6年 1873年	28.1		42.1	
	男39.9	女15.1	男46.0	女37.1
明治12年 1879年	41,2		66.3	
	男58.2	女22.6	男71.6	女60.4

に、卒業試験問題の出題の仕方が試行錯誤で行われたため、レベルが難しく、合格・進学率も低かった。

　前述のように、学制は主にフランスの学区制度とアメリカの教育思想を融合した教育制度である。それらを日本の状態に合わせようとしたが、明治国家建設の揺籃期に始まった教育制度であったことも理由で、1870年代当時の国力や文化などの社会実情に適合していなかったことはやむを得ない事実である。一日も早く近代的文明国の仲間に入るために考えられた学制は、ほぼ机上の計画に終わり、高い理想を実現することができなかった。

---

9)「学制序文」(または「学事奨励ニ関スル被仰出書」)は、「学制」と共に公布された太政官布告第214号の通称（1872年）。「華士族〔卒〕農工商及婦女子」とは、華族、士族、卒族、農民、職人、商人、女性、子供などのこと。「卒」の字は後から脱字の訂正として追加され、「卒族」、つまり、農工商と一緒に平民となった下級武士のこと。
10) ちなみに、日本では学齢児童の就学率が100％に近い割合に達することで義務教育が一般化したのは、今より百年前の1919年である（1900年より尋常小学校の授業料が無償化されている）。
11) 國民教育奨励會編、前掲書、7頁、および大阪府教育委員会『大阪府教育百年史 第一巻 概説編』(1973年) 63頁などに基づいて著者作成。

　　　　　　＊　＊　＊
人々自ら其身を立て其産を治め其業を昌にして以て其生を遂るゆゑんのものは他なし身を修め智を開き才芸を長ずるによるなり而て其身を修め智を開き才芸を長ずるは学にあらざれば能はず
　　　　　　　　　　　　　　（「学制序文」1872年）

　太政官布告書の冒頭にあるこの言葉は、『大学』の「修身斉家治国平天下」という儒教の基本的な政治観の一部を引照しながら、学制の理念であった立身出世主義と知識主義を表している。それでは、その理念が第一歩とするはずの「修身」は、どのような教科として構想されたであろうか。

　まず、位置づけとしては、教育制度において占めた地位がかなり低かった。「学制」の直後に公布された「小学教則」などに従い、下等小学の最初の第1・2学年に当たる五〜八級でしか設置されなかったのである。しかも、ほとんどの場合は週1時間のみであった。4時間まで配当された第1学年の「綴字(カナヅカヒ)」、「習字(テナラヒ)」、「単語読方(コトバノヨミカタ)」、「算術(サンヨウ)」や、第2学年の「習字」、「算術」、「会話読方(コトバヅカヒノヨミカタ)」、「読本読方」などと比べたら比較的に少ない。

　現在、日本教育史の中の「修身教育」と言えば、元々儒教に源を発し、忠孝仁義などのような東洋道徳が中心で、やがて軍国（国家）主義・民族（国粋）主義的なイデオロギーに着色された「国民道徳」のイメージが極めて強いであろう。長年に亘って筆頭の教科とされたその

表3 「学制」の下等小学における修身教科書[12]

学級	相当学年	年齢	標準教科書	配当時間
五級	2年後期	7歳	『性法略』	週1時間
六級	2年前期		『泰西 勧善訓蒙』『修身論』	週2時間
七級	1年後期	6歳	『小学教諭 民家童蒙解』『童蒙教草』	週1時間
八級	1年前期			

「修身」は、太平洋戦争敗北後に廃止される運命となったことは言うまでもない。

一方、文明開化期に行われた学制下の修身教育は、もちろん西洋先進国の倫理観に基づくものであった。文部省は、「小学教則」で5種類の標準教科書を推薦し（表3）、授業形態としては、教員が生徒の前で文章を読み上げながら「説諭」することを定めた。そのため、「修身口授(ギョウギノサトシ)」という科目名とした。まずは、児童が小学生になったばかりの八級と七級では「民家童蒙解」とあるが、これは当時出版準備されていた青木輔清著『小学教諭民家童蒙解』（1874）のことを指していると思われる[13]。数多の辞書編纂にも携わった忍藩（埼玉県）の英学者による初歩教科書である。最初の二巻では、他の

---

12) 文部省の「小学教則」（1872年10月）および「改正小学教則」（1873年5月）を参考にして作成。旧字体を新字体に改めた（以下同様）。
13) 江戸中期に農民教化に尽くした俳人・常盤潭北の『民家童蒙解』（1734年）と混同されることが多い。『民間』と誤記する文献もよく見られる。

教訓書や修身書を引用しながら、五倫五常から始まって和漢洋の教えを組み合わせている。残り3巻は、米国女権擁護者ウィラード（Emma Willard, 1787～1870）の教科書の抄訳、権利や義務の説明など、西洋的思想の内容であるが、実際に出版されたかどうかすら一世紀経っても不明のままであったことなどから、全く普及しなかったと思われる[14]。それを考えると、第1学年で実際に使われたのは、今でもよく知られている福澤諭吉訳『童蒙教草』（1872年初版は『童蒙をしへ草』）の5冊であろう。原書は、10歳前後の子供たちを対象に、スコットランドの出版業者チェンバーズ兄弟（William & Robert Chambers）が編纂したイソップ物語などの寓話の短編集で、アメリカにも普及した道徳教科書 *The Moral Class-Book*（初出1839年）である。諭吉はこの本について、晩年に「古来外国人の事を禽獣のやうに云ひ囃し紅毛人の尻には尾があるなど思ひし輩の迷を解く為めには随分有力なる翻訳書なりしと思ふ」[15]と語っている。

小学2年になると、週2時間も配当された前期では、阿部泰蔵訳『修身論』の他に、当時文部省・司法省兼勤の箕作麟祥が訳述した『泰西勧善訓蒙』（1871～1875）が推薦されていた。後期の神田孟恪訳『性法略』（1871）は、西周と津田真道がオランダの大学で受講した法学のメモを整理した内容でよく知られているが、教科書としての性質上、ほとんど使われなかったと思われる。今でも知名度の高い『泰西勧善訓蒙』は、前編3

冊がフランス人のボンヌ（1867年）、後編8冊がアメリカ人のウインスロウ（1866年）、続編4冊がアメリカ人のヒコック（1868年；1853年初版）によって出版されたそれぞれの原書を抄訳しながら他書を参考にして編まれたもので、一般の読み物としても広く用いられた。ただ、尾張藩の名古屋学校や複数の民間出版社から4年にも亘って刊行された冊数の多さから考えると、小学校ではどの部分が使われたかを想定することは難しい。

以上の翻訳教科書は、原著が子供向けではなくて中学生以上の人を対象としたものが多く、単なる「行儀」を教えるものではなく、民主主義的な市民社会や政治・経済などにおける正しい人間活動を説く、近代的文明国の在り方を示す教科書となっていた。これが、学制期の翻訳修身教科書の最大の特徴であった。

しかし文部省は、大量出版が難しくて教科書が不足のため、学制実施の1年目に当たる1873年に、容易に入手できる江戸時代の伝統的な修身書3種類を教則に掲げて追加した。その2年後には、英国のマナーを教訓する『智氏家訓』という訳書も加えた。その他に、教科書の選定が自由だったことや、教育が試行錯誤で行われた理由なども相まって、修身教科書は文部省の予定通り使用

---

14) 海後宗臣『日本教科書大系：近代編．第三巻．修身（三）』講談社（1962年）の時点では現存するものがまだ確認できていなかったようである。また、多くの研究では、ウィラードの原著がウェーランド著と誤認されている。
15) 福澤諭吉『福澤全集緒言』時事新報社（1897年）98頁。

されたかどうかの疑問が残っている。実は、学校によれば昔ながらの中国の二十四孝や日本の太閤記、鼠小僧などのような内容が教えられていたこともあったようである[16]。一方では、修身以外の科目で、たとえば「読本」の翻訳教科書を通して、西洋諸国の童話や偉人伝のような教訓が教えられていた。

　文部省は、前節で述べた庶民の就学拒否や増税への反発の他に、1877年以降に人権思想や自由民権運動などに対する批判が起こって、学校教育では翻訳調の啓蒙教科書が否定され始めるという新しい問題に直面した。79年に学制に代えて公布された前述の田中不二麿の「教育令」が自由主義すぎると見なされて直ちに廃止され、1880年代に入ると天皇への忠誠心を涵養させ儒教の徳目を教育する「修身」の高揚期が始まった。それから、「改正教育令」(1880)、「学校令」(1886) および「教育勅語」(1890) の理念が儒教的倫理の復活をもたらした。文部省は、1880年より各府県の利用している教材を取り調べ、自由民権や共和政などを扱う翻訳教科書の使用を廃止するつもりで、地方当局への通達で「国安ヲ妨害シ風俗ヲ紊乱スルカ如キ事項ヲ記載セル書籍ハ勿論教育上弊害アル書籍ハ採用セサル様」[17] に求めたのである。具体的に、文部省自身が刊行した阿部泰蔵『修身論』をはじめ、前述の箕作麟祥『泰西勧善訓蒙』後・続編、師範学校の超名著『小学読本』、福澤諭吉や加藤弘之など合計で13もの教科書が学校で使用禁

止となってしまった。こうして、学制期と共に西洋倫理を中心とした修身教育の時代が幕を下ろし、「黒船」となっていた修身の翻訳教科書の普及にも終止符が打たれたのである。

　学制の高すぎる理想は、文明開化の実現できなかった「夢」の一つであると言えよう。それでも、全国各地に近代的な学校を作り、身分や性別などを問わずすべての子供たちに教育を与えようとした理念がそのまま次期の教育制度に受け継がれ、世界の先進国から学びながら民主主義的な近代思想の導入を試みた点においても先鞭をつけたことが、現在においても学制の評価すべき貢献であることは確かである。

---

16)　たとえば、現在の浅草橋に存在した学校の生徒であった作家の内田魯庵（1868〜1929）は、晩年に「明治十年前後の小学校」という雑誌記事でそのように回顧している（『太陽増刊 明治大正の文化』第33巻第8号（1927年）418頁）。
17)　「第弐拾壱号」（明治13年12月18日）『文部省布達全書．明治13年，明治14年』文部省（1885年）39頁。

第2章

アメリカから日本へ
―― ウェーランドと福澤諭吉の出会い

1. ウェーランドと『道徳科学要論』：新世紀のための思想

> この塾のあらん限り大日本は世界の文明国である。
> 世間に頓着するな。

　戊辰戦争が続く慶応4（1868）年、初夏のとある土曜日。時の年号を取って正式な名称を得た慶應義塾は、現在の港区浜松町が位置する芝新銭座に居を構えており、上野戦争の砲声が敷地内まで響いていた。福澤諭吉が、天下分け目の戦いだと感じてそわそわする門弟に上の気の利いた言葉をかけて講義を続けていたという話は、今でもよく知られている。世の中がどうなっても、洋学の勉強をやめることはない慶應義塾は、そういう学校であった。ちなみに、江戸が混乱の最中にあったその日の出席者は平常の約100人から十数人にも落ちていたのだが、その中に阿部泰蔵がいた。彼が後年に追懐しているよう

に、諭吉が教材にしていたのは、現在でも「ウェーランド経済書」として知られている書物である。

ウェーランドとは、フランシス・ウェーランド（Francis Wayland, 1796〜1865）のことである（図2）。イギリス系ニューヨーク生まれのバプテスト派の牧師で、アメリカの名門校ブラウン大学の学長を28年も務めた思想家・教育者・経済学者などとしてその名が歴史に刻まれている。南北戦争（1861〜65）以前のアメリカで自由権・所有権・平和主義などを提唱し、早い段階から奴隷制度の見直しや資本主義の在り方について国民的議論を刺激していた。『経済学要論』（*The Elements of Political Economy*, 1837）という教科書は、ウェーランドの代表作で、諭吉は幕末時代に渡米したときに手に入れたのである。日本に大量に何冊も持ち帰り、初期の慶應義塾で積極的に採用していたことは記録などにも残っている。

ウェーランドは、三十路を過ぎてからほどなくプロビデンスにあるブラウン大学の第4代学長に就き、長い在職期間にカリキュラムの改革を行うほか、教育水準を上げたり、図書館を設立したりして

図2　フランシス・ウェーランド肖像[1]

大学の成長に多大な貢献をしたため、ブラウン大学の創設者と見なされることが多い。ちなみに、19世紀のアメリカの大学では、4年次に配当され、すべての教科の上位と認められる「道徳哲学（Moral Philosophy）」という科目があり、通常、学長がその授業を担当していた。内容としては、もちろんキリスト教の教義に基づく「道徳」も含まれるが、正しい行為とは何かという普遍的な質問に答えようとする「倫理」をはじめ、現代日本の高等学校で学ぶ「公民」に似たような勉強もこの教科の対象であった。つまり、政治、経済、現代社会の諸課題なども教室で学習され、それに関わる議論も行われていた。イギリスから独立し西方への領土拡大などを進めていたアメリカ（当時24州）の大学では、「文明的」な人間社会の在り方をめぐる議論がとても活発的に行われていたことは誰でも想像できよう。

　そこで学長のウェーランドは、当時の大学でよく使われていた1785年刊行の教科書に賛同できない内容があったから（後述参照）、自分で新しいものを作ろうと決めた。それが、『道徳科学要論』（*The Elements of Moral Science*, 1835）というもう一つの彼の代表作である。2年後に出版された『経済学』ほど有名ではないが、その思想的な基盤となっていることが明らかである。ウェー

---

1) Wayland, F. & H.L. *A Memoir of the Life and Labors of Francis Wayland, D.D., LL. D., Late President of Brown University.* New York: Sheldon and Company, 1867 より転載。

ランドは、着筆してからわずか半年で原稿を完成させ、1835年5月14日に『道徳科学』を世に出した。この著書は、早くも全国の大学や高等学校などで指定教科書として採用され、継続して30年以上にも及び人気を博したという。英国でも出版され、翻訳版が出るほど植民地・開拓地や外国の宣教活動にも広く使われた。ちなみに、アメリカ国内では一番普及したのは1837年の三訂版だが、日本などに普及したのは、ウェーランドの享年に当たる1865年の四訂版（決定版）である。ウェーランドは、晩年になるにつれて奴隷制度の廃止を求める主張が強くなっており、この決定版の中でもその変遷が確認できる。

　教育志向の高いウェーランドは、『道徳科学』の初版と同時に、中学校や専門学校での使用を想定し、同書の要点をわかりやすくまとめた縮約版を上梓した（図3）。こちらもあまりにも大人気で、1870年代まで何度もの再版を重ねた。親版と違って縮約版は内容や表現の改定はまったく行われず、体裁のわずかな変更が加えられた程度である。日本では明治初期にこの縮約版を原本とした翻訳書が多く出版され、阿部泰蔵の『修身論』はその一つである。なお、本書ではこれ以降断りのない限り、『道徳科学要論』への言及は縮約版のことを指す。

　初版の出版よりウェーランドの死後までおよそ30年間に及ぶ親版と縮約版の発行部数は、息子たちが1867年に出版した彼の生涯と作品を記した伝記によれば、既

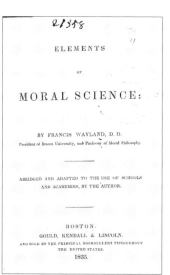

図3 『道徳科学要論』縮約版（1835年初版）[2]

にそれぞれ9万5,000部と4万2,000部を突破していた。現在のアメリカではウェーランドの名がほとんど知られていないのは事実だが、当時の生まれたてのアメリカにおいて社会活動などを通じて人々の考え方に大きな影響を及ぼし、また、二冊の代表作がベストセラーとなって全国各地の教育現場などで多大な貢献を果たしたということは過言ではなかろう。

---

[2] Wayland, Francis. *Elements of Moral Science: abridged and adapted to the use of schools and academies*. Boston: Gould, Kendall and Lincoln, 1835. 縮約版の書名には頭の定冠詞がないのは興味深い（ニューヨーク公共図書館蔵）。

＊　＊　＊

« Is a man sure that he does right when his conscience does not reprove him? »

「人間は、自分の良心が咎めないからといって悪行をしていない確信は持てるか」。18世紀のイギリスでは、「道徳感覚（moral sense）学派」の思想家たちは、自分の行為の善悪を識別できる能力を人間は本質的に持っていると信じていた。大体の人は、快楽や喜びをもたらす行為は善行で、罪悪感や後悔をもたらす行為は悪行として判断できるという論理である。キリスト教ではその判断の能力に繋がるのが、一般的に「良心（conscience）」と呼ばれるものである。ウェーランドは、良心の善悪を区別する力を信じていたにも拘わらず、当時の大学で使われていたイギリスのペイリ著『道徳・政治哲学の原理』[3]では、道徳感覚や良心の重要性が軽んじられ、行為の動機や意図よりは、その「結果」を重んじる功利主義的な道徳論が中心となっていた。英語には «The road to hell is paved with good intentions»（「地獄への道は善意で舗装されている」）という古いことわざが意味するように、天国に行くためには善行を行おうとする意志ではなく、善行そのものによる成果こそが必要だという考え方である。但し、ウェーランドは、それに賛成することができなかった。善意さえあれば、方法などを誤って悪い結果になっても、善行であると、彼は固く信じていた。

現在でもそういう場合、«It's the thought that counts»(「大事なのは気持ち〔意志〕だよ」)などと言って、相手を慰める人が多い。

　それでは、自分が行おうとしていることは道徳的に正しいかどうかを判断する際、「良心」が最強の手段であろうか。否、ウェーランドによれば、良心は不完全である。たとえば、悪行を繰り返して慣れてしまうと、悪癖がついて徐々に「良心の声が聞こえなくなる」ため、人間は良心を失う。だから良い人でも、少しずつ悪い人になってしまうことがありうる。したがって、ウェーランドは『道徳科学』にわざわざ上記の質問を題名とした章を設けて、それに対してはっきり「NO」と答えている。彼は、道徳感覚や良心の力を信じながらも、それに加えて、最終的には「聖書」の教えに基づいて行動しなければならないと主張し、その考えを自分が書いた教科書に盛り込んだわけである。神の法、死後のこと、罪の滅ぼし、キリストの復活などに関わる聖書の教えは、神が人類に啓示した「永遠の真理」だと信じていたから。

　しかしながら、ウェーランドが大学教員を務め始めた頃は、啓蒙時代の17〜18世紀に生まれた、信仰と理性の新たなる対立が、激しくなっている時代であった。昔の宗教的・哲学的な考え方では、「神（God）」が自然科

---

3) Paley, William. *The Principles of Moral and Political Philosophy*. London: R. Faulder, 1785.

学と内的に結び付いていたものの、新しい「サイエンティスト」たちによる近代の経験的自然科学は、独立の学問として成立し、神との関連を断ち切ろうとしていた。19世紀になると、欧米諸国では、因果的推論や帰納的思考態度に基礎を持つ「科学的方法」が普及しつつあることを受け、キリスト教の神学者は新しい問題に直面することとなった。そこで、ウェーランドは、自然科学の分野で発見されてきた様々な「法則」の普遍性と必然性を、上述のような道徳感覚の因果関係の「法則」と同視できるものとして、神が保証していると解釈した。たとえば、悪行の後に心に罪悪感が湧くことも、水に熱を加えればお湯が湧くことも、すべて神様の働きによる因果関係の法則であると。キリスト教の観点から見れば、科学と信仰を両立させようという、当時の人々にとっては説得力のある自然観・科学観であった。

　こうして、ウェーランドによれば、神は、自ら創造した自然界の自分で定めた規則に厳密に従い、自然の原動力なのである。換言すれば、ウェーランドは、神の存在が科学的な事実と齟齬すると考える世の中の新しい考え方を受け、それに対処する目的で理性（合理主義）と信仰（宗教）は両立できることを主張した。そのおかげで、家庭や教会では宗教的な躾によって育てられていた当時の一般の若者たちは、学校で教えられていた各分野の実証的・科学的な研究方法の思考をやすやすと受け入れることができるようになったと考えられる。

* * *

« Moral science is the science of *moral law.*»

　以上に見た、信仰と理性の両立を試みたウェーランドの教科書は、この言葉で始まっている。「道徳科学とは、道徳法の科学である」と紹介し、書名でもわかるように、「道徳」をphilosophyではなくscienceとして扱っている。前述のペイリ著に見る「道徳・政治哲学」などとは根本的に異なる。さらに、ウェーランドは、政治や経済も「道徳」に基づいていると考えるから、あえて区別してタイトルに入れない。

　日本で何度も訳された『道徳科学要論』縮約版は、親版の構成を踏襲して、前編と後編に分けられている（表4）。前編は、「倫理の理論（theoretical ethics）」に該当する7章で編成されており、上に紹介した因果関係的な道徳法、意図の重要性、良心の働きなどの他に、聖書の必要性などいわゆる「神の法」が、体系的かつ論理的に展開されている。第4章「幸福」は、欲望に負けず節度のある生活を送る必要性の理論的根拠を説いている。

　前編より文章量が三倍ほどある後編は、「実践倫理（practical ethics）」に当たり、三部に分けられている。第1部「神への愛、即ち、敬虔」の3章は、キリスト教の教義（神に対する義務、祈り、安息日の厳守）を取り扱っている。続いて、第2部「人間への愛、即ち、道徳性」は、9章に及んで、人間が日常生活において互い

表4 『道徳科学要論』縮約版の内容（章題の英日対訳）[4)]

章	題目（英語原文）	日本語直訳（筆者）	頁
	Preface	はしがき	iii-vi
	Contents	目次	vii-x
	PART FIRST	前編〔倫理の理論〕	
I	[Of] Moral Law, Moral Action, and of Intention	道徳法、道徳的行為および意図について	11-19
II	[Of] Conscience	良心	19-39
III	Is a man sure [that] he does right[,] when his conscience does not reprove him?	人間は、自分の良心が咎めないからといって悪行をしていない確信は持てるか	39-42
IV	[Of] Happiness	幸福	42-47
V	The Imperfection of Conscience	良心の不完全性	48-51
VI	[Of] The Nature and [the] Defects of Natural Religion	自然宗教の本質と欠点	51-57
VII	[Of] The Holy Scriptures	聖書	57-62
	PART SECOND [Of] The Duties of Man to God[,] and [to] his Fellow Man	後編〔実践倫理〕 神と人間同士に対する義務	
	Of Love to God, or Piety	［第1部］神への愛、即ち、敬虔	
I	[Of] Our Obligation to Love God	人間の神を愛する義務	64-77
II	[Of] Prayer	祈り	77-88
III	The Observance of the Sabbath	安息日の厳守	88-99
	Love to Man, or Morality	［第2部］人間への愛、即ち、道徳性	
I	The Duties of Reciprocity	相互関係より生ずる義務	99-106
II	[Of] Personal Liberty, and the Modes in which it may be violated	個人の自由およびそれが侵害されうる方法	106-117
III	[Of] Property	所有	118-143
IV	[Of] Character	品性	143-147
V	[Of] Reputation	評判	147-153
VI	[Of] Veracity	真実性	154-166
VII	The Duties and Rights of Parents	親の義務および権利	166-174
VIII	The Duties and Rights of Children	子の義務および権利	174-181
IX	Duties [/Duty] of Citizens	人民の義務	181-198
	[The] Duties of Benevolence	［第3部］慈悲を施す義務	
I	Benevolence	慈悲	199-208
II	《 No title 》	《無題》	208-220
III	[Of] Our Duties to Brutes	人間の動物に対する義務	221-223

に守るべき義務と尊重すべき権利を論じている。内容は、章題からすれば、相互対等の関係、自由、所有、品性、評判、真実性、親子それぞれの義務と権利、人民の義務である。最後の第3部は短いが、人間および動物に対する「慈善を施す義務」の論説である。

　章のタイトルからすればわかりづらいが、後編第2部の中に、同じ神の創造物であるすべての人間が平等に持っている自由や幸福追求の権利から、人間の共同生活が始まると自然に生じる「政治」、「法律」、「経済」などの制度まで論じられている。当時の日本から見れば、近代的な個人主義・自由主義・民主主義に基づく文明社会の基礎が説明されていたのである。具体的に、人間同士・国家同士の相互対等の関係、政府の必要性、政治体制の種類、法治国家と三権分立の原理、納税の意義、労働契約や商売のやり方、保険制度、親子の関係、他人との関わり方、弱者の救済、表現・宗教・移動など個人的自由の保証、為政者の義務などなどという内容である。この後編は、近代的な国民国家になろうとしていた当時の日本人からは、『道徳科学』の本論と見なされ、最も興味をそそられた部分であろう。

　なお、縮約版は中学生向けなので、やはり日常生活の

---

4) ページ番号は大阪府立図書館蔵の1873年版による。各再版において体裁が異なるため、あくまでも各章の内容が占める文章量の確認ができるように示した。題目（英語）の［　］内の部分は、目次と本文の表記の違いを表す。

振る舞いに役立つような教訓やたとえ話、寓話、それから聖書上や歴史的人物の模範となる人格や行動のエピソードも随所に紹介されている。大人向けの夫婦関係論が削除され、各章節の最後には教室での議論を促す復習問題が設けられている。

　ウェーランドの『道徳科学』では、人間の社会的活動は全て神および他人に対する道徳的な義務に基づいている。したがって、文明社会の政治・経済などを扱う後編は、前編のキリスト教的な主義を前提にしている。これが、ウェーランドを理解しよう、あるいは訳そうとした日本人を最大に悩ませたところだったに違いない。

2. 福澤諭吉と『道徳科学要論』：原書の影響、訳書の普及

　　　　文部省は竹橋にあり、文部卿は三田にあり

　これはおよそ1874年以降にあちこちで呟かれ始めた言葉である。文部卿（大臣）になったばかりの木戸孝允は、同時に勤めた内務卿として政治的不安定などで忙しくなることが多く、文部省の最高責任者は、第1章で述べた、文部大輔（副大臣）の田中不二麿であった。「学制」の実施に全力を尽した不二麿は、毎日のように福澤諭吉に相談しに慶應義塾のある三田の丘を訪れていたと噂されていたため、上記の言葉が生まれた。

　明治初期の教育制度や思想形成における福澤諭吉の影

響が大きかったことは言うまでもない。幕末の時代でも、『西洋事情』初編（1866）の3冊がベストセラーとなり、「政体書」の作成にあたって参考にされる以前から、欧米諸国の進んだ社会を紹介することで日本も近代国家になる必要性を庶民に啓蒙していた。

諭吉は、洋書の読書や幕末の渡米・渡欧の経験を通じて先進国の社会制度を知るようになったが、1868年の時点では国家の経済的・科学的発展が土台とする国民の精神的な教養について知識が足りないと感じていた。そこで、「西洋の道徳如何の議論を聞くときは何か物足らぬ心地」して苦心していたその頃、当時の塾長を務めていた元門人の小幡篤次郎が素晴らしいものを発見してくれた[5]。

> 明治元年の事と覚ゆ或日小幡篤次郎氏が散歩の途中、書物屋の店頭に一冊の古本を得たりとて塾に持帰りて之を見れば米国出版ウェーランド編纂のモラルサイヤンスと題したる原書にして表題は道徳論に相違なし同志打寄り先づ其目録に従て書中の此処彼処を二三枚づ〻熟読するに如何にも徳義一偏を論じたるものにして甚だ面白し[6]

---

[5] 小幡篤次郎（1842～1905）は、福澤諭吉と同じ中津の藩士、教育者・啓蒙者（後に政治家）。ウェーランド著『経済学要論』の訳書として、77年に文部省から『英氏経済論』を出版した。
[6] 福澤諭吉『福澤全集緒言』時事新報社（1897年）97頁。「モラルサイヤンス」とは『道徳科学要論』親版のこと。

一年前にアメリカから持ち帰って来た『経済学要論』と同じ著者が書いたこの道徳教科書が、諭吉にとっては奇跡のような、もってこいの書物であった。正しい行動や善悪の区別だけでなく、人間の尊厳、個人の自立、自由とその制限、夫婦や親子のあるべき関係、為政者と納税者の関係、社会的な人間関係などを政治や経済の要にして、いわゆる社会契約まで繋がるウェーランドの理論は、国家と国民（個人）との結び付きを明らかにする近代的な道徳論で、文明社会を達成するまでのプロセスをわかりやすい形で説いていたのである。

　それから翌年に、諭吉はウェーランド経済書の講読の授業を篤次郎に譲り、『道徳科学要論』の新しい講義を設けて自分で担当することにした。そのために、門下生の早矢仕有的が創業したばかりの横浜の丸屋商社（丸善の前身）に同書の60部を注文した。西川俊作[7]の調査によれば、1879年までに慶應義塾ではウェーランドの二冊の著作とそれぞれの縮約版がテキストとして採用され続けたのは確実である。

　諭吉は、『道徳科学要論』を入手した数年後に、その思想を『中津留別之書』や『学問のすゝめ』に取り入れている。特に、1872〜74年の間に出版された『学問のすゝめ』の第二・三・六・七・八編は、人の平等、国の同等、国法の貴き、国民の職分などを扱い、間違いなく『道徳科学』の本論である後編（「実践倫理」）第2部の影響を受けている[8]。実は、第八編（1874年4月）の冒

頭ではウェーランドの名と「モラル・サイヤンス」という書名にも言及している。これで一般の人々にもその存在を知らせたに違いない。

『道徳科学』は、親版も縮約版も、慶應義塾のような洋学の私塾の他に、長崎から宮城まで政府によって設立された各地の外国語学校（後に英語学校）や中学校でも使用され、現在も日本各地の学校や大学や図書館などに一定の部数が残っている。

このように、ウェーランドの著作が日本に普及したのは、まずは福澤諭吉と慶應義塾、それに前章で扱った学制のおかげで知名度を高めたためである。さらに、1873年2月に江戸時代から長らく続いていたキリスト教に対する禁止が解除されることで、人気が高まっていたウェーランド著作の翻訳出版が可能になり、流布した複数の訳書によって英語のできない一般人でも西洋倫理の思想を読むことができるようになった。

＊　＊　＊

近来奎運ノ隆盛ニ際シテ訳書ノ出ル日ハ一日ヨリ多シ

上記引用文は、明治になってから文化が発展して学問

---

7) 西川俊作（1932～2010）、経済学者、慶應義塾大学名誉教授、元福澤研究センター所長（2003年の研究論文を参照）。
8) この事実は、板倉卓造の昭和初期の研究を踏襲した、国文学者・福澤諭吉研究者の伊藤正雄（1902～78）の研究によって実証されている（1962年の研究論文を参照）。

が盛んに行われる勢いが増していく中で、毎日世に出る翻訳書の数が前日より多いという状態を物語っている。この言葉は、本書で扱う阿部泰蔵訳『修身論』の凡例（序文）の冒頭にある。この教科書は、文部省から1874（明治7）年1月に出版されたが、その凡例には「明治五年壬申六月」と書いてあり、内容から判断すると、その時点で翻訳が完成しているはずである。また、前章で見たように、『修身論』は1872年に頒布された「小学教則」の中で一つの標準教科書として題名が載っているため、一年前より文部省に奉職していた阿部泰蔵が翻訳を命じられたのは同じ頃だと考えるのが妥当であろう。ただ、『修身論』の出版が一年半も遅れた理由としては、前述したキリスト教禁止の高札が73年まで撤廃されなかった事実以外は、不明である。いずれにせよ、当時は教科書を急遽大量出版することが大変困難であったことを忘れてはならない。

　1875年の文部省年報で教科書について調べてみれば、ほとんどの府県で採用されていた教科書の8〜9割は、「官板」（文部省刊行の書物）のものだったことがわかる。それにも拘わらず、修身の教科では官板の標準教科書として『修身論』しかなく、残りは前章で見た福澤諭吉『童蒙教草』のような「私版」の書物ばかりであった。この事実も考慮すれば、修身書として唯一の文部省刊行だった『修身論』がどれだけ普及したかは想像できよう。現在でも多くの部数が残っており、図書館での閲

覧や、古本屋からの購入が可能である。

　時期的には、阿部泰蔵の『修身論』が特に各地域の小学校に広く普及したのは、初版の発行年の1874年から77年頃までと思われる。その時期に、文部省から各学校に届けられた部数の他にも、日本各地から多数の翻刻本が現れた（図4）。それから、学制期の終わり頃になって翻訳調の西洋倫理教科書に対する反発が起きて各府県小学教則から姿を消し始めても、『修身論』はあまりにも大人気で、活字に組まれたものなどの民間による翻刻出版などが少なくとも1882年頃まで続いた。また、1870年代後半に、自分で阿部泰蔵の訳文を読むのに役立つ『修身論字引』という書物も何種か世に出たことが近年の調査で確認できた。幼童から大人まで難解な用語

図4　阿部泰蔵訳『修身論 前編』初版の原本（右）と、同年に滋賀県で出版された翻刻本の見返し（著者蔵／国立国会図書館蔵）

の意味を調べることのできる専門辞書で、大阪や京都などでも出版された。1877〜82年にもこれだけ『修身論』に関わる出版物の需要があったことは、阿部泰蔵の訳書が小学校の外でも一般の人々に広く読まれていた事実を裏付けている。

明治5年6月という序文の日付が原稿完成の時期と同じなら、阿部泰蔵による『道徳科学要論』の訳書が史上初の日本語版となる。但し、阿部訳が遅れて出版される1874年までに、前年だけでも別の4人によるそれぞれの日本語版が先に世に出ており、阿部訳の出版以降も5種類ほどの別のバージョンが現れた。これまで存在の確認ができた11種類の翻訳書を表5にまとめてみた[9]。著訳者の中に、明治憲法制定後に衆議院議員になった神鞭知常（1848〜1905）のような人物がいれば、名前以外は詳細不明の人もいる。

ほとんどの翻訳書は縮約版によるものであるが、翻訳の他に抄訳、解説紹介、他の書物と合わせて編纂されたものも含まれる。哲学用語などの訳語が定着していない時代の中で、日本語による造語を使ったものがあれば、仏教や神道の用語にキリスト教の意味を持たせようとしたものもある。内容については、なるべく逐語的に訳そうとしたものがあれば、日本の宗教や思想と比較しながら解説を試みたものもある。このようにあくまでも西洋の文明や宗教を理解するために訳されたものがあれば、日本のキリスト教徒を対象に出版されたものもある。原

表5 ウェーランド『道徳科学要論』の翻訳書[10]

	発行年月	著訳者	題名	巻数	発行元
1	1873.05	謝海漁夫	『修身学 一名人の行道』	3	万巻楼
2	1873.06	山本義俊	『泰西修身論』	3	二書堂
3	1873.08	是洞能凡類	『童蒙修身心廼鏡』	2	東京書林
4	1873.10	保田久成	『修身学初歩』	1	三報舎
5	1874.01	阿部泰蔵	『修身論』	3	文部省
6	1874.07	山本義俊	『小学修身論』	3	万笈閣
7	1875.06	平野久太郎	『米人准蘭徳著 修身学』	4	西村集太郎
8	1875.08	高木真藤	『修身之理』	1	桃之屋
9	1875.11	山本義俊	『泰西修身童子訓』	2	東京書肆
10	1878.10	神鞭知常	『啓蒙修身談』	1	東生書館
11	1882.02	千村五郎	『初学修身学』	2	柴田清亮

書と一緒に読んで解読するために書かれた学術的なものがあれば、子どもや女性を対象にわかりやすく書かれたものもある。比較するにあたって、訳文の対象者を考慮した各書の様々な特徴は非常に興味深いが、その検討は

---

9) 以下の3種類は、その性質上、表に含めなかった：大井鎌吉訳『威氏修身学』上・下（文部省、1878-79年）〈親版の完全訳〉；大井鎌吉著『通俗修身学入門』上・下（明経堂、1880年）〈他書と合わせて要旨のみを紹介したもの〉；吉見経緯編『修身論略』上・下、『修身論略続篇』上・下（錦森堂、1883年）〈英語から訳さずに阿部泰蔵『修身論』の内容を要略して儒教などの修身書と一緒に紹介したもの〉。
10) 海後宗臣（1961-62）第3巻所収の「修身教科書総目録」および伊藤正雄（1962）、鈴木泰（1990）、山口隆夫（2004）それぞれの研究論文、ならびに筆者の独自調査によって作成。なるべく時系列の整理を試みたが、発行年月の月は不明の場合は序文などの日付に準拠させた。なお、(1)と(10)はそれぞれ筆名と本名による同一人物の出版である。訳書の(6)は(2)の続編で、(9)はその内容をより解説風に改めたものである。それから(7)のような完訳に近いものもあるが、前編など一部しか訳してないもの、二巻目以降が出版に至らなかったもの（あるいは現存しないもの）もある。発行元は確認できたものの一例（ほか多数）。

別の機会に委ねることとし、ここではとりあえず、先行研究を踏襲してすべての書を「翻訳書」と呼称することとした。

　当時の日本にはかなりの数の原書が持ち込まれていたことと、ごく短期間のうちに、何種もの翻訳書や関連書物が相次いで出現したことから、研究者はこの時期に「ウェーランド・ブーム」が起こったと見なしている。確かに、10年の中で同じ外国書がこれだけ翻訳されたのは、とても不思議な現象である。明治初期の日本人は西洋からの近代思想の知識に飢えていたのだが、いかにその思想を伝達して受容すべきかがよくわからないまま、試行錯誤で、それから千差万別に、世界を理解するための翻訳活動を行っていた。そこから生まれた多数異なる翻訳の中で、福澤諭吉のようにウェーランドと出会った多数異なる人々の西洋思想に対するそれぞれの理解と伝え方を見出すことができよう。

第3章

英語から日本語へ
―― 阿部泰蔵のジレンマ

1. 阿部泰蔵と『修身論』：キリスト教の消失

　前章で見た、上野戦争の続く1868年初夏のあの土曜日、塾を休まずに福澤諭吉によるウェーランド経済書の講義を受けていた阿部泰蔵（1849〜1924）とは、どのような人物であろう。現在は、主に明治生命保険会社（現在の明治安田生命）の創立者として知られているが、実は実業家になる前に教育者・著訳者として人生の20代を過ごしていたのである。

　泰蔵は、ペリーが浦賀に来航する4年前、つまり、1849年の5月19日（嘉永2年4月27日）に、三河国の吉田村（今の愛知県新城市）の医師・豊田鉉剛の四男として誕生し[1]、1860年には吉田藩（後の豊橋藩）

---

1) 4人兄弟の中で成人したのは3人のため、文献によれば三男との記載も見られる。

の医師である阿部三圭の養嗣子となった。翌年に医師修業を嫌い学者になろうと思って漢学や蘭学を始めたが、1866年に英学への転機の波に乗り、英学塾に通うこととした。閉塾のため別の塾を探し、1868年1月に諭吉の門下となった。

図5　阿部泰蔵：若き日の肖像
（慶應義塾福澤研究センター蔵）

当時の福澤塾は学びながら互いに教え合う「半学半教」という形式を採っていたので、優秀な泰蔵は早くも翌年から教鞭を執り、歴史などの洋書読解の授業を担当することになった。1870年に幾野という地元の女性と結婚した後に、太政官から大学出仕の辞令を受け、大学南校（東京大学文・法・理学部の前身）で教壇に立つ。翌年に、設立されたばかりの文部省にて少教授および編輯権助に任命され、洋書の翻訳にも携わる。ウェーランドの『道徳科学要論』を日本語に訳したのはこの時期だと思われる。つまり、1872年、年齢は数え24歳、長男の圭一が生まれた年である。『修身論』が出版された1874年には、文部省からアメリカ合衆国の憲法や政体を扱う翻訳書を出し、24歳だった幾野と死別する。

　泰蔵は、その後、文部大輔の田中不二麿に随行して、

7カ月に亘ってアメリカとカナダで教育制度などを視察し、米国独立100周年を記念したフィラデルフィア万国博覧会にも参加した。その中で、親を亡くした子供など遺族の救済方策としての保険事業に興味を持ち、1881年に学友と一緒に明治生命を開業して、日本各地に巡回し生命保険や火災保険の概念を普及するように努めた。それ以降、生涯に亘るこの国の保険業界への功績は計り知れない。慶應義塾では、教授の他、理事や評議会会長などを歴任して最期までその運営に貢献し続けた。ちなみに、後妻の優子（福澤諭吉の門下・俣野景明の長女）との間に、七男四女が生まれ、その中に作家の水上瀧太郎や小泉信三の妻となった富子がいる[2]。

* * *

阿部泰蔵が『修身論』を訳したのは、文部省出仕の命を受けて編集の仕事に携わっていたときだと思われる。明治初期には教科書の編纂を担当しているところは1872年に設置された師範学校だったが、それまでのわずか1年の間は、文部省編輯寮という部署が存在してい

---

[2] 水上瀧太郎は、阿部章蔵（1887〜1940）のペンネームで、代表作に小説の『大阪の宿』（1926年）や随筆集の「貝殻追放」（1920〜33年）などがある。小泉信三（1888〜1966）は、1933〜46年に慶應義塾長を務めた後、戦後に皇太子明仁親王の教育責任者を務めたことなどでよく知られている。

た。本書第1章で見たように、文部省は『修身論』を小学2年の標準教科書として出版する予定で、1872年10月の「小学教則」にそのように定めた。ウェーランドの『道徳科学要論』が修身の教科書として選ばれたのは、間違いなく福澤諭吉の影響であろう。ところが、泰蔵は原書の翻訳に取りかかったときに、巨大な壁にぶつかった。もちろん、キリスト教という宗教のことである。

　理由としては、1872年はキリスト教禁令が継続していたことが考えられるが、禁教の高札はいずれ下ろされることとなるので、もっと決定的な要因があったはずである。それは、明治政府が新しい学校で近代国家の国民を育てるべく子供たちに教えたかったのは、日本に導入したい近代的な西洋倫理であって、異国の宗教ではなかったという事実に他ならない。その新しい近代倫理の導入によって、日本社会に根付いた封建思想を打破し、四民平等に基づく文明社会の理念を貫こうとしていた。そこで、近代西洋社会の倫理を明らかにして民主主義の基礎を論考する『道徳科学』後編の「実践倫理」が、肝心な導入要素となった。前編の「倫理の理論」の場合でも、キリスト教の教義ではなく、善悪を区別する方法や、善行を行うための基準、良心の重要性などという、日本社会にとって受け入れられる可能性（必要性）のある、宗教以外の要素だけが日本の修身教育にふさわしいとされたのであろう。

　そこで、日本の近代教育における修身教科書の目的を

果たすために、泰蔵は原書の一部の章を訳出しないことにした。それは、啓示宗教や聖書を扱う前編の第5〜7章と、神に対する愛と義務ならびに宗教的習慣を扱う後編第1部の全3章である（表6）。これらの部分の削除を、泰蔵は「凡例」の中で次のように断っている。

原書前編ノ尾リト後編ノ首メトニ於テ尚数章ノ議論アレトモ童蒙ノ解シ難キ事多キヲ以テ訳者其本意ニ非ラスト雖トモ姑ク之ヲ刪除ス【前編：一丁裏】[3]

　もちろん、「児童にわかりにくい」という理由は都合の良い理屈にすぎない。実際は、上述の内容だけでなく、訳出した章節の文中でも段落や短い一句を削除していることも少しある。神の存在や聖書に従う義務を扱う内容などの箇所である。ちなみに、『修身論』の凡例では、バプテスト派の牧師である原著者は「アメリカ合衆国修身学の博士フランシス・ウェーランド」と曖昧に紹介されており、キリスト教のキの字も出てこないのである。ウェーランドによるはしがきも訳出されず、各章節の末尾に置かれた復習問題も削除されている。

　阿部泰蔵訳『修身論』から以上のようなキリスト教に

---

[3] 引用にあたって旧字体、異字、合字などは、新字体や仮名に改めた。引用文は筆者蔵の初版原本によるものであるが、丁番号は読者の便宜上、国立国会図書館デジタルコレクションでインターネット公開されている翻刻版（滋賀県下書林澤宗次郎）に準拠したものである（以下同様）。

表6 阿部泰蔵訳『修身論』における内容の訳出

章	内容	訳出
	はしがき	×
	目次	○
	前編〔倫理の理論〕	
I	道徳法：行為の道徳性、意図（善意）の重要性	○
II	良心（1）：善因善果悪因悪果、自己反省	○
III	良心（2）：悪習慣の危険、良心の弱化	○
IV	幸福：適度ある欲望と快楽の生活	○
V	良心の不完全性：未開人は神の法を知らない	×
VI	自然宗教の欠点：死後・罪の償い・キリストについて知りえない	×
VII	啓示宗教：聖書の教え・神の法・イエスの生涯	×
	後編〔実践倫理〕 神と人間同士に対する義務	
	［第1部］神への愛＝敬虔	
I	神様：その性質、掟、愛する義務	×
II	祈祷：お祈りする習慣の義務、人間は罪人	×
III	安息日の厳守：日曜日は遊びも就労も禁止	×
	［第2部］人間への愛＝道徳性	
I	相互関係より生ずる義務：隣人愛、相互救助	○
II	自由の侵害：奴隷制、政府による国民の弾圧	○
III	所有：所有権、労働、商売、賃貸借、保険、不正（窃盗や詐欺）	○
IV	品性：不信心、親不孝、煽り、風紀の乱れ	○
V	評判：人の名声、他人の尊厳の尊重	○
VI	真実性：偽証の禁止、約束（契約・婚姻）	○
VII	親の義務（衣食住や教育）および権利	○
VIII	子の義務（服従や介護）および権利	○
IX	人民の義務：社会契約、三権分立、法律の遵守、私刑の禁止、納税；政治形態の種類、政府の義務、米国の政治制度	○
	［第3部］慈悲を施す義務	
I	慈悲：他人の手助け、積極的行動	○
II	貧困者・病人・老人・無知・悪人への慈悲	○
III	動物に対する義務：娯楽用・虐待は禁止	○

関する数章が削除された事実は、複数の関連文献で指摘されてきた。しかし、それだけが問題ではなく、実際に翻訳された部分における内容の訳し方を分析して考察する必要がある。本書では、章を改めてGodの訳語「天」に焦点を当てながら翻訳教科書・啓蒙書としての『修身論』の分析評価を試みる予定だが、その前に次節で泰蔵の一般的な翻訳方略について考えてみたい。

2. 阿部泰蔵の訳し方：「読む人にわかるように」

　阿部泰蔵は、1912〜14年辺りに、「福澤先生」の思い出を語るインタビューの中で、英学を修めるために慶應義塾に入った経緯に触れながら、丁寧に翻訳論の話をしている。まず、福澤諭吉が、自分が大坂で蘭学を教わった緒方洪庵[4]の翻訳ぶりを「原文に拘らず、其意味を翻訳する流儀であって如何にも面白く」と評価していたことに言及する。それに対して、江戸の蘭学者の訳した医書については、「原文を一字一句も改めずに翻訳するので、読みにくゝつて面白くない」ので、先生はあまり褒めなかったことを付け加えた上で、「福澤先生は緒方流儀で、意味を訳して早分りのするの

---
4) 緒方洪庵（1810〜63）は、蘭学の医師で、大坂に開いた「適々斎塾」（適塾）で多くの人材を育成した。適塾は大阪大学医学部の前身とされており、日本に近代医学を普及させるのに肝心な役割を果たした。

が宜い、翻訳は原書を読む人に見せるものでないから、読む人に分かるやうにするのが肝腎だと言って居られました」と追懐している[5]。阿部泰蔵は、40年経っても福澤諭吉の翻訳論をこれだけ鮮明に記憶していることから、師からかなりの影響を受けていたと推測できよう。確かに、少なくとも『修身論』に見る前者の翻訳ぶりは、後者の翻訳論に一脈相通ずると認めるべきである。

泰蔵は、何よりも日本語で辻褄が合う理解しやすい訳文を試みていた。たとえば、『修身論』の冒頭にある«Moral science is the science of *moral law*»（道徳科学は道徳法の科学である）という文を、日本語の論理に即して「修身論は身ヲ修ムル定則ノ学ナリ」と訳している。「純粋ノ直訳」を試みた平野久太郎の「徳義修身ノ学ハ徳行ノ課学ニシテ」や、山本義俊の「修身学ハ法律心学ノ学ニシテ」などと比べても対照的である。また、黄金律でもある「人にしてもらいたいと思うことは何でも、あなたがたも人にしなさい」[6]という聖書の格言は、『論語』の言葉を借りながら能動的に替えて「己レノ欲スル所之ヲ人ニ施セ」と巧みに訳している[7]。一方、山本は『論語』にある形のまま誤訳し、平野は「汝ハ何人カ汝ニ対シ為ヘク願フ如ク他人ニ為セ」という堅苦しい文章を作り、高木真蔭は他人の善行を見習い悪行の真似をしないという珍訳をし、神鞭知常や保田久成は訳出すらしていない。内容はともかく表現に

関して言えば、泰蔵の筆致は自然で、原文の語法に捕らわれないため文体は翻訳臭さを出しておらず、日本語の習慣やリズムにまで合わせられている良訳である。

　用語に関しても、当時の日本人にわかりにくいものを避けて、巧みな工夫をこらしている。たとえば、ある寓話の中に例として子供たちが遊ぶ«a hoop or a kite»（輪や凧）が出てくるが、泰蔵は「玩具」という総称で訳している。当時の子供たちはもちろん桶から外れた箍での輪回しや凧揚げという遊びを知っていたが、泰蔵は具体的すぎて難しい用語に引っかからないようにしていると思われる。これも、また、山本訳の「箍或ハ紙鳶」や平野訳の「弄轅或ハ紙鳶」などのような訳語選択とは対照的である。

　専門用語に関してはどうであろうか。幕府の洋書調所から刊行された堀達之助[8]の『英和対訳袖珍辞書』（1862）や、それを元に作られ上海で出版された「薩摩辞書」（『改正増補和訳英辞書』（1869）の通称）以外は、日本には信頼たる英和辞典がほとんど存在して

---

5) 簀庵高橋義雄 編『福澤先生を語る：諸名士の直話』岩波書店（1934年）113-119頁。
6) 『マタイによる福音書』7章12節。和訳聖書の引用は日本聖書協会の新共同訳（初出1987-88年）を用いる（以下同様）。ウェーランドの原文（«as ye would that others should do unto you, do ye even so unto them»）は、欽定訳聖書の影響を受けている。
7) 『論語』には、「己の欲せざる所は人に施すこと勿れ」とある。
8) 堀達之助（1823〜94）、江戸幕府通詞（通訳者）、辞書編纂者、英学の先駆者。

いなかった[9]。日本の最初の活字出版で本格的な英和辞典が世に出たのは、横浜で『附音挿図英和字彙』が出版された1873年となる。つまり、泰蔵が『修身論』の翻訳を完成させたと思われる1872年の後となる。いずれにせよ、本調査でこれらの辞書を『修身論』における用語選択と照らし合わせてみた結果、泰蔵が英和辞典の単語をそのまま採用するよりも、独自に訳語や造語を使っていることがわかった。たとえば、religion（宗教；訳語の定着は1873年以降）は「教法」、society（社会；同1876年以降）は「社中」などと訳している。この二語は、堀達之助と薩摩辞書ではそれぞれ「宗旨、神教」と「仲ヶ間交リ、一致」とあって、『附音挿図英和字彙』では「教門、法教」と「会、会社、連衆（ナカマ クミアヒ レンシュ）、交際、合同、社友（カウサイ イッチ シャチウ）」とある。また、たとえば山本訳では、「神教」と「同社」、平野訳では「宗教」「教誡」と「社中」となっている。西洋の文明を語るのに必要不可欠な用語は日本語になく、明治初期の訳書に見られる訳語の一貫性の無さはこの時代の大きな特徴と言える。近代日本語に大きな影響力を及ぼすようになった井上哲次郎らの『哲学字彙』の初版は、1881年まで出版されなかったことも忘れてはならない。

＊　＊　＊

キリスト教関連用語の訳し方も、大きな問題となっていた。参考になりうる和訳聖書は明治初期には既に

存在していたが、役人に没収されるなどしてほとんど普及しておらず、入手することが極めて難しかったのである。そのような事情が影響したのは、もちろんキリスト教に関する内容を厳密に訳そうとした訳者の場合のみである。泰蔵の場合は、Godは「天」と、Jesusは「聖人」や「先賢」と表現するなど、表7のようにキリスト教関連用語を日本文化に合わせたような形で翻案している。このような訳語には、たとえば「神」がそうなったように、キリスト教の意味がそのまま持たされているわけではあるまい。泰蔵はわざと、西洋の概念なのか日本の概念なのかはっきりしないまま、ある程度普遍性を持つ曖昧な用語を利用している。この訳し方は、前後編に亘ってほぼ首尾一貫していることが特徴的である。

　このように当時の日本人（特に子供たち）は、「天」や「鬼」の話を聞けばおそらく日本の宗教・伝統思想・民俗文化におけるようなものを思い浮かべたであろう。「聖人」、「先賢」、「先哲」と聞けば、儒教における孔子や孟子のような欧米の昔の聖人賢者のことと理解したかもしれない。「古書」は西洋文明国における『古事記』や『日本書紀』に似たようなものとして捉えられた可能性が高い。当時の「本心」は、現代語

9）和英辞典としては、ヘボン式ローマ字の考案者として知られるヘボン博士（James C. Hepburn, 1815～1911）の『和英語林集成』（1867年）が普及していた。

表7 主なキリスト教関連用語の訳語

原語	意味	阿部泰蔵訳	他の訳書に見る訳語
God	神	天	上帝, 神, 神明, 神帝, 神天, 天帝, 天津神, かみ etc.
Creator	創造主〈神〉	天(造物者)[10]	造物神, 造化神, 造物主 etc.
Jesus	イエス	聖人・先賢	耶蘇, 耶蘇基督, 教主, 神使 etc.
Bible	聖書	経典・古書	神典, 経典, 聖書, バイブル etc.
conscience	良心	本心	本心, 良心, 分別, 分別心, コンシェンス etc.
prophet	預言者	先哲	予言, 預言者 etc.
sin	罪	罪	破壊, 罪障 etc.
devil	悪魔	鬼	悪魔 etc.

における意味ではなく、孟子や朱子に見る「本然の善心」という意味で、現在の「良心」に一番近かった言葉のはずである[11]。実は、小学校の教場における『修身論』の使い方を考えれば、教師が自分で参考して口授する形となっていたため、教師さえそうしたければ、西洋で書かれた教科書である事実にまったく触れずに、工夫してまるで日本で出された書物として扱えたことは否定できない。また、西洋には日本に似たような「天」などの思想があるかのように、自由自在に読めた可能性も考えられる。

　そこでもう一つ引っかかったと思われる点は、西洋の人名と地名などである。たとえば、前編の第1章では、善意を貫く古代イスラエルの王「ダビデ」のたとえは、

聖書の話に基づく複雑な事例なので、その部分を全部削除している。それに対して第2章では、模範となるべき高徳の人として預言者たちや聖母マリアの夫「ヨセフ」の名前が初代大統領ワシントンと並んで挙げられるときに、すべて訳出している。後編では、ウェーランドは「隣人を愛せよ」の事例として広く知られている新約聖書の「善きサマリア人のたとえ」に言及するが、泰蔵は訳出しない。おそらく、補足説明をしないと何のことを言っているか理解できないからであろう。一方では、同じ後編の中で、不道徳な王「ヤロブアム」のエピソードをそのまま訳出して、その直後に出てくるバビロンや古代ユダヤのファリサイ派も、それぞれ「地名」と「宗徒ノ名」という割注を付けながら訳している。

　このような割注は、聖書ではなく事実の地名や歴史上の人物となると、泰蔵の説明が詳しくなる。たとえば、後編第2部第2章に出てくる「巴尔巴里亞」（バルバリア）諸国には「亜弗利加北方ノ諸国ノ総名」という情報を加えている[12]。また、使徒パウロやウイルソン

---

10) 前編第4章、後編第2部第1章のみに「造物者」の訳語も見られる。本書第5章を参照。
11) 福澤諭吉は、『修身論』より3ヵ月後に出版した『学問のすゝめ』第八編（1874年4月）の中で、ウェーランドのconscienceを「至誠の本心」と表現している。なお、同時期に「良心」を使う文献も見られるが（表5の是洞や保田の訳書）、訳語としてまだ定着していなかった。
12) 一方、この民族名「ベルベル」（ウェーランドの原文ではBarbary）を同じ語源を持つbarbary（ギリシャ語の「バルバロイ」）と混同して、「野蛮の国」と誤訳している平野と山本がいる。

主教のような宗教関連の人名をあっさり片付けているのに、ガリレオには「以太利国ノ天文家紀元一千五六百年間ノ人」、フランクリンには「合衆国ノ大学者幼年ノ時印書商ノ小奴タリ」という説明を、前後の文脈と関係する形で補足している。さらに、第3部第1節に出てくる、監獄改良を行ったイギリス人の篤志家「ジョン・ホワルド」（John Howard, 1726〜90）の紹介には、泰蔵は自ら、伝記の要約など1ページにも及ぶ注を付している。あと、前編第2章の中で、珍しく聖書以外の印刷物の引用が出てくる。それは、ボストンで隔月に刊行されていた児童向け文集の雑誌 *The Juvenile Miscellany*（1826〜36）に掲載された記事で、泰蔵は意訳せずになるべく正確に「「ジューベニル・ミセラニー」ト云ヘル書」と訳している。『修身論』におけるこういった翻訳ぶりは、泰蔵が抱いていた西洋事情への関心の程度を如実に物語っている。

＊　＊　＊

本書の第2章で見たように、ウェーランドにとっては行為の道徳性の是非を区別するための手段は、未開人でも持っている「自然宗教」（幸福・不幸をもたらす因果関係に目覚めた観念）、それから神から授かった「良心」と、神の意志で啓示された「聖書」がある。それでは、上述のように「古書」と訳された聖書は、阿部泰蔵訳『修身論』の中で、どのような役割を果たすのであろうか。

まずは、「聖書」そのものが行為の道徳性の是非を区別するための手段として挙げられる場合、その言及は削除されていることが確認できた。たとえば、前編第1章に、神の意志が示された聖書の教えに従って行動すべきことが書いてある段落は、『修身論』では訳出されていない。それに、第2章に出てくる行動の第一のルールは次のように訳されている。

〔原文〕1. Always ask yourself, first of all, is this action right? To enable you to answer this inquiry, <u>God gave you a conscience, and the Holy Bible.</u>（まずは必ず自問しなさい、その行為は正しいかと。その質問に答えられるように、<u>神はあなたに良心と聖書を与えられた。</u>）[T-C/II-S/III (p.34)][13]

〔阿部〕第一　事ヲ為スニ先ツ此事ハ是ナリヤト自ラ之ヲ心ニ問フヘシ此問ニ答ヘシムヘキ為メ<u>天人ニ本心ヲ賦与セリ</u>【前編：十九丁表】

　つまり、天は人に良心（「本心」）を賦与したとしか書いていない。実は、後編の中でも «act in obedience to the Bible»（聖書に従って行動する）のような表現が出てき

13）出典の表記方法は次の通り：T＝前編（Theoretical ethics）；P○＝後編（Practical ethics）＋部；C/○＝章；S/○＝節。ページ番号は1873年版（大阪府立図書館蔵）による。原文は、1836年版・1853年版と照らし合わせ文言の変更がないことを確認したものである。下線・和訳筆者（以下同様）。

ても、泰蔵は「天ノ意ニ従フ」と意訳している。キリスト教徒でない日本人には聖書を読んで行動するように指導しても無意味だったに違いない。それでも、自然宗教や良心は、善因善果悪因悪果や「本心」など、日本の宗教・信仰や伝統思想にもある観念と類似している点で、聖書抜きでも『修身論』の理論が成り立ち、日本人にとっても説得力があると思われる[14]。

一方では、聖書の言葉が論点を裏付ける典拠として示される場合は、泰蔵は削除するよりも、前後編に亘って曖昧に「古書」と「経典」と訳出し、出典ではなく内容そのものに焦点を当てるようにする。このような場合は、日本人にとっては、とにかく「権威のある書」のイメージが湧いたであろう。ウェーランド流の教え方は、独断的・独善的な議論や説教だけではなく、若い人でも理解できる「一般常識」に基づくような理論を展開することが多い。たとえば、悪行をした人は社会に罰せられるべきことを自覚しているので、犯行がばれる恐れと恥を抱いていると。これが表情や言動に表れてしまうので、その人は自分の悪事を隠蔽しようとしても、かえってそれを自ら暴露してしまうことになると。そこで、「悪人は自分の手で行った悪事により自分に罠をかけて捕まる」、「悪人は力を合わせても、罰を免れることはない」の結論が引き出されると、前編第2章で説明している。こうして、出典としてキリスト教徒が従うべき「聖書」への言及がなくても、ウェーランドが文中に挙げる一定の普

遍性を持つ以上の説明が、論点の根拠となる。泰蔵はその性質を活かして、『修身論』の中で聖書の絶対的権威を捨て去った道徳指導の理論を、一般常識に依拠しながら成り立たせている。

それでも、泰蔵はやはり不安を抱いていた。前編の巻頭の凡例で、「古書」の引用があることを読者に知らせ、そのせいで「文意連続」できなくても訳者を咎めないようお願いしている。主に、聖書の引用が多い後編第2部の数章（第5・6・8章など）や第3部に関して述べていると思われる。

泰蔵は、慶應義塾できちんと勉強していたことのある『道徳科学要論』の訳業に取りかかったときに、すべての内容をそのままいわゆる「忠実に」訳してみるか、それか翻案するか、あるいは部分的に個別対応して削除か意訳を行うかなどのような疑問を、何度も頭の中に浮かべながら進めていたであろう。西洋の宗教を教えるために西洋の教科書を訳そうとしたのではない、しかし、西洋の倫理教科書はキリスト教の教えに基づいていた。しかもそれは、日本では禁止状態が続いている宗教であった。国家の近代化、具体的に子供たちの啓蒙を目的としていた文部省の下で、キリスト教抜きで『修身論』とい

14）その説得力を強めるために、以上の事例では「自問する」という表現を「心に問う」と訳して「本心」に関連付けた工夫をこらしている訳者の軽妙な筆致に注目したい。

う西洋倫理の教科書を作成することは、決して容易な作業ではなかったはずである。

それでは、キリスト教的な臭みを消去するために、訳者の阿部泰蔵が加えた工夫の一つは、中心的な役割を果たすGodの意味するすべての英語を、一様に「天」という日本語に置き換えることであった。この「天」はあくまでも訳語選択の問題でそのままキリスト教の「神」という隠された意味を持つものにするか、それとも日本語の「天」(あるいはそれに近いもの)にするか。それが、『修身論』の翻訳において阿部泰蔵が直面したはずのジレンマであろう。

次章では、『修身論』における「天」の特徴を見出すためにその意味の構成要素を分類・分析することによって、阿部泰蔵の翻訳に隠された真相にさらに迫っていく。

第4章

Godから「天」へ
── 知らぬ神より馴染みの「天」

1.「天」の同質的要素

　ウェーランド著『道徳科学要論』の礎となるキリスト教の「神」に代えて、阿部泰蔵は訳書『修身論』に「天」を登場させた。他の訳書に見られないこの「天」には、どのような意味があるのであろうか。まずは、原文の「神」の性質を一部保ちながら、日本語の「天」に近い意味で使われた事例について考えてみたい。

①宇宙万物を主宰する「天」
　欧米では17世紀に近代科学が独立の学問として誕生していた。それから18世紀の啓蒙思想や産業革命の進展に伴い、19世紀半ばには「第二の科学革命」が広く拡散した。自然を、目的を持たない、物質相互の因果関係のみで動く機械と見なす考え方が主流で、近代科学と信仰の対立が続いてた。第2章で見たように、ウェーラ

ンドは、自然現象における因果関係の科学的な「法則」の存在を認め、原因と結果という二つの出来事の連続を保証するのは神だとした。つまり、あらゆる自然現象の「第一原因」は神であり、近代科学で発見されてきた新しい「法則」を定めたのもそもそも神であったと主張して、科学と宗教の折り合いをつけようとした。ウェーランドは、水に熱を加えるとお湯が湧くのと同じように、悪行を働くと良心が咎め不幸になるなどと説明した上で、次のように述べている。

〔原文〕But, it is evident, that two events could not be thus invariably connected, unless there were some power exerted to connect them, and some being, who, at all times, and in all places, exerted this power. Hence the fact, that the laws of nature exist, <u>teaches us the existence of the Supreme Being, the Creator and Preserver of all things. And hence, every change which we see</u>, is a proof of the existence of <u>God</u>.（しかし、二つの出来事が上に述べたように常に結び付けられていることは、それらを結び付ける何らかの力と、その力をいつでもどこでも働かせる何らかのものが存在しなければ、不可能であることは明らかである。したがって、自然の法則が存在するという事実は、<u>至高存在である万物の創造主および保護者が存在していることを私たちに教えてくれる。それゆえに、私たちが観察するあらゆる変化は、神</u>の存在を証明するものである。）[T-C/I-S/I (p.12)]

この文章は原書の第1章第1節にあり、最初にGodが登場するところである。泰蔵は、他の訳者と違って波線部の部分を切り捨て、キリスト教の神によく付けられる形容語句に代えて、以下の通り「万物を主宰する天」と表現している。

〔阿部〕斯ク原因ト実効ト一定離ルヘカラサルハ之ヲシテ関係相離レサラシムル力ト何レノ時ヲ論セス何レノ地ニ於テモ此力ヲ使用スル者ト無キ事ヲ得ス故ニ自然ノ定則アルハ<u>万物ヲ主宰スル天</u>アルノ證ナリ【前編：二丁表】

　泰蔵がこのような表現を選んだのは偶然ではない。「万物を主宰する天」は、原文にある形容語句に当たる訳語ではなく、訳文だけに現れる独特の言葉である。東洋思想における「天」は様々な意味を持つが、その中に「主宰する天で、いわゆる昊天上帝」や、「自然としての天であり、自然現象を指す」などがある[1]。前者は、儒教においては人格を持つ宇宙の最高神であり、江戸中期から荻生徂徠において信仰の対象とされる概念にも繋がっていた。後者は、天変地異などを引き起こすような存在でもあり、人間は如何ともしえないものとして、現在の日本でも人口に膾炙する概念である。たとえば、

---
1) 儒教における「天」の本来の意味に関しては、主に馮友蘭『中国哲学史〈成立篇〉』冨山房（1995年）を参考にした。日本における「天」に関しては巻末の参考文献を参照。

2011年3月に東日本大震災が起こった直後に、宮城県気仙沼市の中学校の卒業式で、一人の男子生徒が次の答辞を読み上げて話題を呼んだ事例が顕著であろう。

> 苦境にあっても天を恨まず、運命に耐え、助け合って生きていくことが、これからの私たちの使命です。[2]

　ここに出てくる「天」は、「運命」も含まれるような意味で、王朝の存亡を決めたり人間に天命を与えたりする儒教的な天にも繋がる。いずれにせよ非常に幅広い意味を持つ言葉であり、当時の日本人にとっても馴染み深い概念のはずであった。泰蔵は、自然現象の因果関係を定めて保証するキリスト教の新しい神概念の代わりに、日本人にとって西洋人とは違う意味で自然の力にも繋がる「天」という概念を引っ張り出して、活用したわけである。

②人間を正しい行動に導く「天」
　ウェーランドは、本書第2章第1節で見たように、道徳感覚や良心における因果関係という働きを、自然法と同様に神が定めた「道徳法」と定義した。上記に引用した内容に続き、科学から道徳の話に移り、神は道徳法を用いて人間の行動を指導していると説明している。

〔原　文〕As we find these events, namely, pleasure following right actions, and pain following bad actions, to be invariable, we know that they must have been connected together by <u>God our Creator and our Judge</u>. And, as <u>he</u> has manifestly connected them together for the purpose of teaching us, we may hence learn, how <u>he</u> wishes us to act.（私たちはこれらの出来事、すなわち、快楽が善行に続き苦痛が悪行に続くということは一定不変だと理解しているので、<u>私たちの創造主であり、私たちを裁かれる神</u>がその出来事を結び付けられたことがわかる。そして、<u>神</u>が私たちを指導されるために明白にその出来事を結び付けられたので、私たちは、<u>神</u>が私たちから如何なる行動を望まれているのかを、学ぶことができる。）[T-C/I-S/I (pp.13-14)]

〔阿部〕人其行ヒノ是非ニ因リ苦楽ヲ覚ユルハ決シテ変スヘカラサルモノナリ故ニ<u>天</u>ノ定メタル定則ナル事疑ヒナシ<u>天</u>ノ斯ク定則ヲ定メタル其趣旨ハ普ク人ヲ教ヘ導クニ在リ【前編：三丁表裏】

　この一節でも、山本訳の「物ヲ造化シ及ビ裁判スル神」や平野訳の「我造化主及ビ大審断人タル上帝」などと対照的に、泰蔵は一貫して「天」を用いている。この「天」は、上と同じ儒教の立場からすると、前述に見た

2）引用は、「春秋」『日本経済新聞』（2018年9月8日付）による。

「主宰する天」に、「倫理的な天」が加わったという解釈が可能である。たとえば、『中庸』の冒頭に、「天の命によって、われわれが生まれつき具へ有つているものを性といひ、その天性のままに従つて行ふのが人の守るべき道、即ち道徳である。この道を立派に修め整へるやうに導くことを教といふ」と読める言葉がある[3]。さらに、『春秋繁露』「玉杯」の冒頭には、「人は命を天より受け、善を善とし悪を悪とするの性あり」[4]とある。合わせて考えてみれば、人間は生まれながら、善悪を区別してそれに従って行動するという、天性の倫理的な性質を持っていることが言える。また、行為の善悪により苦楽を覚えるという良心の働きは、何気なく仏教的な因果応報のような雰囲気を匂わせているのではなかろうか。

　本書第3章第2節で見たように、ウェーランドの原書では神が人間に良心（«conscience»）を与えたと書いてあるが、泰蔵は「天、人に本心〔＝良心〕を賦与せり」と訳している。結局、人間は天から「本心」（善悪を区別する「性」）を与えられ、それに従って行動し、その結果として快楽や苦痛を覚える。このように、天から正しい「道」に教え導かれているのである。以上の内容は、当時の日本に主流だった倫理・道徳概念から、キリスト教抜きでも（それからキリスト教神学と違う形で）理解することができたはずである。

③人間が従わなければならない「天」

ウェーランドの原書では、神の意志に従う義務の明記を随所に見ることができる。一例として以下の金言名句を見てみよう。

〔原文〕No matter who is for you, or who against you; always obey <u>God</u> in preference to everything else.（誰に支持されようとも、誰に反対されようとも、何よりも優先して常に<u>神</u>に従いなさい。）[T-C/II-S/III (p.35)]

〔阿部〕故ニ人ハ世ノ譏誉ヲ顧ミス常ニ<u>天</u>ニ従フヘシ【前編：二十丁表】

人間を超越した存在の神などに従うという概念は、古今東西の宗教・信仰に存在することは言うまでもない。日本語では前述の「天命」もあるが、「天に従う」と言えば、「天に順う者は存し天に逆らう者は亡ぶ」という孟子の格言はあまりにも有名で、『修身論』を読んだ人々の脳裏をかすめた可能性は非常に高い。小学校で修身の授業を担当していた教師の場合は、口に出して解説

3）田中貢太郎『論語 大学 中庸』大東出版社（1935年）507頁。引用の表現は、小説家・伝記作家や歴史関係の資料編纂者として知られる著者が原文を読み下して解釈したものである（「天命之謂性、率性之謂道、修道之謂教」）。
4）日原利国 編著『春秋繁露』明徳出版社（1977年）69頁（「人受命於天、有善善悪悪之性」）。

していた可能性も十分に想像できよう[5]。

④人間を賞罰する「天」

　原書では、「良心」を備えている人間は、それに従わずに不道徳な行為をすれば、必ず神の罰を受けると教えられている。以下の引用部分は、「良心」を扱う前編第2章の結論の言葉である。

〔原文〕And, as young persons have a conscience, as well as those that are older, they are just as truly bound to obey it; and <u>God</u> will as surely punish them if they disobey it.（それから若い人たちは、大人と同じように良心を持っているのだから、間違いなくそれに従う全く同じ義務を課せられている。もし従わない場合は、<u>神</u>は必ず彼らを罰せられるであろう。）[T-C/II-S/III (p.38)]

〔阿部〕又少年ト雖モ其本心ヲ有スルコトハ成人ト相異ナル事ナシ故ニ亦此規則ニ従ハサルヘカラス若シ之ニ背クトキハ<u>天</u>ノ罰ヲ与フル必ス成人ト異ナル事ナシ【前編：二十三丁表】

　ここに見る「天」は、「良心」（「本心」）を与えてくれる倫理的な天でありながら、人間を罰する「天」でもある。日本には、儒教に限らず、神道や仏教などの信仰から派生した「天」の通俗的な概念があった。この「天」が人を賞罰するという勧善懲悪の概念は、読本や歌舞伎

図6 『南総里見八犬伝』第145回[6]

をはじめ江戸時代後期の文学作品によく用いられ、庶民の間でも人気を博していた。たとえば、曲亭馬琴の長編伝奇小説『南総里見八犬伝』（1814～42）でも「天罰」という表現が散見する（図6）。『八犬伝』は、中国の文学的伝統を受け継ぎ、五倫五常などの儒教的道徳に、仏教的因果応報、日本神話、武士道などの要素を加え、勧

5）さらに子供の観点から考えれば、原文の「誰に反対されても」は権威に逆らってよいという誤解を招きかねないので、訳文の「悪口されるかほめられるかを気にせず（正しいことをしなさい）」の方が当時の日本社会と教科書の使用目的にふさわしかったであろう。なお、「世ノ譏誉ヲ顧ミス」という言い回しにある「譏誉」とは、「毀誉褒貶」の意味で当時使われていた表現である。
6）吹雪姫をさらった悪僧徳用と堅削が、京都東山の金剛寺庚申堂で虎に殺される形で天罰を受ける様子。凡例には「悪窮逢虎害天罰豈應愆」（悪は窮して虎害に逢う、天罰は豈に愆〔あやま〕つべけんや）とある。曲亭主人『南総里見八犬伝』（第九輯巻之二十八、京都大文字屋・大阪河内屋・江戸丁子屋、1839年、二十六丁裏・二十七丁表）より転載（国立国会図書館蔵）。

善懲悪の思想を貫いた代表作でありながら、古くから日本に芽生えてきた独特の多文化折衷の現象を表している。

次に、道徳法の基礎を扱う前編ではなく、人間関係・社会・政治・経済などという実践倫理を論じる後編第2部の事例を見てみよう。たとえば、第3章「所有」の中で、詐欺や不公正な取引方法の話をしてから次の結論を述べている。

〔原文〕The law of <u>God</u> is, "Thou shalt not covet," and it matters not, who, or how many, disobey it, <u>God</u> will judge *every man* according to his works. (神の法則は《〔他人の物を〕むやみに欲しがってはならない》の通りである。この法則を破った者が誰であるか、それから何人であるかに拘わらず、神は各々の人を個人としてその行いによって裁かれるであろう。) [P2-C/III-S/III (p.130)]

〔阿部〕夫天ノ定則ニ曰ク汝貪ル勿レト故ニ縦令ヒ何レノ人此教ニ背キ幾多ノ人此教ニ従ハスト雖トモ天ハ毫モ相管セス只人ノ行フ所ニ因リ以テ之ヲ賞罰スヘシ【後編巻一：二十八丁裏】

原文のjudgeとは、主に神が死者の魂を審判することに関して述べていると理解するのが普通である。その審判の結果、天国行きか地獄行きかが決まる[7]。一方では、ここで泰蔵の使う「天の賞罰」は、日本語の理解では生存中に受けることが普通とされている。これは、キリス

ト教の神が存命中の人間に賞罰を下す性質と共通である。こうして、『修身論』の天は、人間社会において政治・経済などに関わる行為の是非を判断して人間を「賞罰」するのである。つまり、人間社会を秩序に導く役割を果たす「天」として捉えることができよう。そのような天は、元々の中国思想において為政者を戒めて規制し、時には天変地異を起こして警告を発するものであった（「天譴説」）。しかし、近世の日本では、支配者に限らず、被治者も天による賞罰・応報を受けて道徳化されるという思想が生じて、17世紀の「仮名草子」などを通じて流布し、民衆にも勧善懲悪の観念を与えるようになったのである[8]。

　この一節で泰蔵は、天の賞罰を含む因果応報観の東洋的な観点から見ても、原文の真意から離れてしまうが、キリスト教を知らない日本人にとって馴染み深い概念を活かしながら、貿易などに関わる近代的な西洋倫理を紹介している。

⑤罪を赦してくれる「天」
　神から与えられた良心に従わずに神の法則を破って不道徳な行為を行った場合は、心の底から反省して後悔した上で、イエスへの祈りなどを通して直ちに神に赦して

7）この点については本章第3節で後述する。
8）平石直昭『天』（一語の辞典）三省堂（1996年）6, 45-46頁を参照。

もらいなさいと、ウェーランドは言う。

〔原文〕5. As every wrong action is a sin against <u>God</u>, seek in humble repentance <u>his</u> pardon, <u>through the mediation of his Son Jesus Christ.</u>（あらゆる悪行は神に対する罪であるため、謙虚に後悔して、<u>神の子イエス・キリストの仲介を通して</u><u>神</u>の赦しを得るようにしなさい。）[T-C/II-S/III (p.37)]

ここではイエス・キリストへの言及は厄介なところである。泰蔵はそれを削除して、次のように巧みに訳出している。

〔阿部〕其五　何事ニ於テモ悪ハ総テ天ニ対シテノ罪ナリ故ニ至誠ヲ尽シ悔悟シテ天ノ赦免ヲ請フヘシ【前編、二十二丁表】

イエスの仲介の代わりに、日本人の既有知識にある孟子の有名な言葉「至誠天に通ず」を連想させることで、うんうんと頷けるやさしい文章を綴っている。ちなみに、江戸時代でも大人気の暦注の一つである「天赦日」（天が万物の罪を赦すという最高の吉日）が表すように、当時の日本人にとって天による罪の赦しという概念は普通に受け入れられるはずであった。「天に対する罪」に関しては、天の法則を破る意味で理解されたのであろう。言葉使いの側面では、日本語には『古事記』や『日本書

紀』の時代から「国つ罪」に対する「天つ罪」(天に逆らう大罪)のような神道用語が存在しており、一般の日本人はその具体的な意味を理解していたかどうかは別として、少なくとも言葉としては違和感がなかったはずである[9]。

2.「天」の異質的要素

　本節では、日本語の「天」は本来持たないはずの意味が、『修身論』の「天」に持たせられた事例を考察する。以下の新しい意味は、もちろんキリスト教の「神」から吸収された異質的要素であるが、ある程度まで「天」の特徴として受け入れられる性質を持っていたと考えられる。

①人間を創造する「天」
　旧約聖書の冒頭には、「初めに、神は天地を創造された」、「神は御自分にかたどって人を創造された」などと書いてある[10]。このようにキリスト教ではすべての人間は神の創造物として考えられており、19世紀前半の

---
[9] 逆に、キリスト教の神に対する「罪」の方が理解しづらかったと思われる。たとえば、山本は「上帝ニ対シ破戒ノ罪」、平野は「上帝ノ命ニ悖レル罪障」と具体化して訳出している。一方、神鞭は「神明さまに対して最も大いなる罪」と表現している。
[10]『創世記』1章1節、同27節。

道徳教科書である原書にその思想が自明の事実として言及されているのは当然である。

〔原文〕And, lastly. Inasmuch as we are all the creatures of <u>God</u>, and are all equally under <u>his</u> protection, he who violates the law of reciprocity, not only does wrong to man, but sins against <u>God</u>.（最後に、私たちはみな<u>神</u>の被造物として平等に神の加護の下に置かれているので、相互関係の法則を破った者は、人に対して不正を行っただけでなく、<u>神</u>に対しても罪を犯したこととなる。）[P2-C/I (p.104)]

〔阿部〕人ハ皆<u>天</u>ノ造レル物ニシテ一様ニ<u>天</u>ノ保護ヲ受クル者ナリ故ニ相互ノ職務ヲ破ルトキハ啻人ニ対シテ非ヲ行フノミニ非ラス亦<u>天</u>ニ対シ罪ノ犯セシモノナリ【後編巻一：六丁表】

日本人の伝統的な考え方では一神教的意味で創造神を想定しないのが普通である。さらに、天地開闢、国産み、神産みなどの日本神話を見ても、人間創造に関する記述はない。人の生死の由来とされているイザナギとイザナミの喧嘩を語るエピソードでも、人類は初めて言及される時点では以前から存在している。仏教の場合は、創造神のようなものを認めない。結局、儒教の影響を受けている「天」は創造神と見なされないだけでなく、そもそも人間は何らかの「存在」に造られた概念でさえ日本に

はなかったはずである。一方、キリスト教圏では、アメリカ独立宣言の大前提とされているほど、人を造った創造主の概念は最重要である。

　福澤諭吉は、1866年にアメリカを紹介する『西洋事情』の中で独立宣言を和訳したとき、「天ノ人ヲ生スル」と表現した[11]。六年後の『学問のすゝめ』にあるcreateの訳語「造る」という語彙を使うのにはまだまだ少しの抵抗があったかもしれない。なお、「天は人の上に人を造らず、人の下に人を造らず」という言葉が流行し始めたのは『学問のすゝめ』の初編が出版された1872年2月以降なので、阿部泰蔵は『修身論』の翻訳を完成したと思われる同年6月までに参考にする機会があった可能性は非常に高い。いずれにせよ、『修身論』が出版された1874年1月には、福澤諭吉の「天は〜」云々という言葉が受け入れられていたのなら、阿部泰蔵の「人は皆、天の造ったものである」という言葉も問題なく受け入れ可能のはずであった。

②人間に幸福の手段を与える「天」
　上の事例では、創造主の加護の下に置かれているすべての人間は同類であるという横の関係が、他人に対する義務の根拠となっていることがわかる。その義務とは、

11）福澤諭吉『西洋事情』（初編）巻之二（1866年）五丁表。

引用部分のある後編第2部第1章で提唱されている「相互関係論」のことである。簡潔にまとめれば、次のようになる。つまり、各々の人は、神に与えられた長所や才能などの美点がそれぞれ異なるが、神から授かったその美点を自由に活かして幸福を追求する権利がある。それから人間は皆、同じ神に造られたものなので、対等な関係に基づいて、お互いの権利を尊重しなければならない、という考えである。ウェーランド自身の言葉を借りれば、第2章「自由」の中で次のように述べている。

〔原文〕I have before stated that <u>God</u> has committed to every individual such means of happiness as he has pleased, and has given to all men an equal right to employ those means as they choose, provided they do not employ them to the molestation of their neighbors.（既に述べたように、<u>神</u>は各個人に好きなだけの幸福の手段を提供され、さらに、すべての人にその手段を各自の選んだ方法で活用する平等な権利を捧げられた。ただ、隣人に迷惑をかけるために利用しないことが条件である。）[P2-C/II-S/II (p.112)]

福澤諭吉から見ても、『道徳科学要論』にある様々な理論の中で最も興味深かったのは、おそらくこの「相互関係論」の考えである。実際、『学問のすゝめ』の冒頭文に続く次の内容はその影響を受けているに違いない。

されば天より人を生ずるには、万人は万人皆同じ位にして、生まれながら貴賤上下の差別なく、万物の霊たる身と心との働きを以て、天地の間にあるよろずの物を資り、以て衣食住の用を達し、自由自在、互に人の妨をなさずして、各安楽にこの世を渡らしめ給うの趣意なり。[12]

小学校の先生から知識人や巷の人まで、『修身論』を読んだ人の一部は、二年前に出版された『学問のすゝめ』の初編を読んでいた可能性が高いと言える。そこで、次の阿部訳に巡り合ったとき福澤諭吉の上の言葉を思い出していたことは容易に想像できる。

〔阿部〕天ヨリ各人ニ楽ノ具ヲ与ヘ且ツ他人ヲ妨ケサレハ自由自在ニ之ヲ用フルノ権ヲ与フル事ノ都テ一様ナルハ既ニ之ヲ前ニ記セリ【後編巻一：十一丁裏】

文明開化期に流行し、近代教育制度「学制」が実現しようとしていた「天賦人権」という理念は、ここに表れている。それはまさに、すべての人間は生まれながら自由かつ平等で、それぞれ与えられた手段で幸福を追求する権利を持っているという西洋の近代思想である。『学問のすゝめ』同様に『修身論』においては、「天」は人

[12) 小室正紀・西川俊作 編『福澤諭吉著作集第3巻 学問のすゝめ』慶應義塾大学出版会（2002年）6頁。

に天賦人権を与える性質を帯びており、人の権利と自由、並びに他者のそのものを尊重する義務、の論理的かつ倫理的な根拠となっている。

③人間が愛さなければならない「天」

　ウェーランドは、キリスト教では最も重要な掟とされている神を愛する義務に言及している。新約聖書には「心を尽くし、精神を尽くし、思いを尽くし、力を尽くして、あなたの神である主(しゅ)を愛しなさい」[13]などとあるが、ウェーランドはより簡潔に次のように書いている。

〔原文〕thou shalt love <u>the Lord thy God</u> with all thy heart（一心に<u>あなたの神である主</u>を愛しなさい。）[T-C/I-S/II (p.17)]

〔阿部〕一心<u>天</u>ヲ愛セヨ【前編、五丁裏】

　実は、時代を考慮すれば泰蔵によるこの訳し方は非常に斬新的である。歴史をひもといてみると、16世紀にカトリックの宣教師たちが来日した際、キリスト教の「愛」に「たいせつ」などの日本語が当てられたのは有名な話である[14]。当時の日本語「愛」は、仏教などにおける「愛欲」「愛着」「渇愛」のネガティブなニュアンスを含み、今とはとても異なる概念だったからである。但し、19世紀に入っても日本初の英和辞典にはloveの訳語として「愛惜」（現在の「愛用」に近い、または仏

語「愛着」に同じ）が挙げられていたにも拘わらず、幕末になると既に「愛、恋」の両方が当てられている[15]。それから、明治初期にキリスト教の愛、後に男女間の恋愛という新しい意味が「愛」に持たされ、中期になると文学翻訳などを通して現在の意味合いが定着したのである。

　ところが、翻訳語成立揺籃期の1870年代には、キリスト教的愛の意味で日本語「愛」を使用するにはまだ少しの抵抗があったと考えられる。たとえば、阿部泰蔵以外の訳者を見てみると、直訳の平野は意訳的な「神帝ヲ崇敬セヨ」と、解説の山本と神鞭は両方とも折衷的な「神ヲ愛敬スヘシ」と「神明さまを敬愛さねばならぬ」と、翻案の高木は「神祇ヲ尊敬シ」という表現を使っている。これらに対して泰蔵の「天ヲ愛セヨ」は非常に特徴的である。しかも、それは「愛する」という表現を使っているからだけではなく、さらに「天」に対して使っているからでもある。なぜなら、日本語の「愛」（愛欲）というものは身分の上から下へ向かう行為と理解さ

---

13)『マルコによる福音書』12章30節。他にマタイ22：37やルカ10：27などにもある。
14) たとえば、キリスト教義書の国字本『どちりな・きりしたん』に見られる。島原半島で1591年に刊行されたと思われるものと、1600年の長崎版などが現存している。
15) 前者は『諳厄利亜語林大成』（1814年）のことで、後者は第3章で言及した『英和対訳袖珍辞書』（1862年）と薩摩辞書（1869年）に見る訳語である。なお、動詞としては前者では「愛惜」の他に「好」（「嗜む」の意味）がある一方、後者では動詞の項目はない。但し、loverやlovingの訳には「愛スル」という語句が見られる。

れていたので、下界の人間が至高の存在である天を愛するという発想はとても異質なものだったからである。

確かに、儒教の概念によってキリスト教を説明しようとした啓蒙思想家の中村正直（敬宇）は、1860年代後半より「敬天愛人」という四字成句をずっと使っており、間接的に「天を愛する」という概念を普及させたことは事実である[16]。しかし、それはあくまでも知識人による解釈で、敬宇はそのまま「天を愛する」という文言を用いていたわけではない。ちなみに、西郷隆盛がこの「敬天愛人」を座右の銘にして流行させたのはその後の1875年以降である。一方、同時期に福澤諭吉は、『文明論之概略』（1875）の中で、アメリカ建国の精神として、「神を敬し人を愛する」ことに言及していた。このように、当時の日本では、天／神に対する愛よりは、同胞への愛が頻繁に語られていたのである。実は、柳父章の解釈によると、中村敬宇は「天は我を生む者、乃ち吾が父也」という言葉で既成概念の「天」を表現した上、それを「人は吾と同じく天の生む所と為す者、乃ち吾が兄弟也」という論理に発展させた点で、「天」にもう一つの新しい意味を持たせている。つまり、「『天』は、父子・君民のような人間の上下関係を基礎づける根拠だったにもかかわらず、人間の横の関係を基礎づけることばとして使われている」のである[17]。これは、いわゆる「隣人愛」の概念と繋がっており、ウェーランドの提唱する相互関係論の基礎でもある。

実は、『修身論』の場合、新約聖書では「神を愛せよ」の次に出てくる「自分を愛するように、あなたの隣人を愛せよ」（ルカ10：29）という掟は、後編の相互関係論の章に入ってから登場するのである。泰蔵はこれを「隣人ヲ愛スルコト己レヲ愛スルカ如クセヨ」と表現している。それ以外にも特に後編では「人を愛する」、「敵を愛する」、「汝を憎む者を愛する」などが随所に見られる。平野・山本も「隣人／同類を愛せよ」などと訳していることから、1870年代には、同じ創造物である同類の人間を愛するという概念は、そのまま訳されていたことが窺える。それに対して、「天を愛する」という単刀直入の語句は、当時の日本ではとても馴染みないもので、概念だけではなく言葉遣いとしても評価する必要がある。そうすれば、阿部泰蔵訳『修身論』における「天」の異質的要素として非常に斬新的で特徴的であることを認めるべきである。

16）主に『敬天愛人説』（1868年）とS・スマイルズ著『自助論』（*Self-Help*, 1859年）の訳書『西国立志編』（1871年）の訳者緒論に見られる。後者は学制期において教科書に採用され、一般の読本としてもベストセラーとなって『学問のすゝめ』に匹敵する明治の大啓蒙書である。
17）柳父章『翻訳の思想：「自然」とNATURE』平凡社（1977年）195頁。

3.「天」の限界：排除された要素

　以上は『修身論』の「天」が併せ持った日本語の「天」とキリスト教の「神」の特徴を見てきた。しかし、その「天」がなり得なかったもの、つまり、吸収できなかった要素も存在した。

①人を愛する「天」
　前節で見たように、明治初期では「愛」という字に新しい意味合いが持たされ、上下関係を問わず人から人へ、人から天へ向かうものとなっていた。それでは、天から人へ向かう愛はどうなっていたのであろうか。ウェーランド著書の後編第3部の中で、私たちに反感を抱いている人に対しても、慈悲を施す義務があると書いてある。それは、私たちを平等に愛している神とイエスを模範としなければならないからである。

〔原文〕<u>God</u> so <u>loved us</u> that, while we were yet sinners, <u>Christ died for us</u>.（<u>神が</u>私たちをあまりにも<u>愛された</u>ので、私たちが罪人だったにも拘わらず、<u>私たちのためにキリストが死んで下さった。</u>）[P3-C/I (p.204)]

〔阿部〕古昔人類ノ<u>天</u>ノ罪人タリシ時ト雖トモ<u>天猶棄スシテ之ヲ救ヘリ</u>【後編巻二：三十三丁裏～三十四丁表】

　この事例は、わずか13語でキリスト教の最も重要な

教義が表現されているため、予備知識がなければ英語でも理解しにくいと思われる。訳文を見ても泰蔵がこのような部分を訳すのにどれだけ苦労したかは推測できよう。まずは、イエスが人間のすべての罪を負って自分を犠牲にしたことで人類を救ったことへの言及を削除しているのは、不思議ではない。ただ、その代わりに使った表現はややわかりにくく、遠い過去に天が罪人だった人類を救ったなどのような全体の話としては疑問を抱かせるものである。本書で確認してきた泰蔵の翻訳方略を貫くことがどれほど難しいことだったかを如実に物語る事例であろう。

　西郷隆盛は晩年に、よく揮毫していた言葉「敬天愛人」と共に、「天は人も我も同一に愛し給ふゆえ我を愛する心をもって人を愛するなり」という名言を遺した。西郷の語る天は、人間を愛するという新しい特徴を帯びていた。一方では、『修身論』の「天」は、キリスト教徒でない日本人の知りうる既成概念に頼りながら違和感を持たせることなく西洋文明の近代思想を導入しようとしている修身教科書としての説得力を保つために、どうしても含めるのには無理がある要素を排除せざるを得なかったのである。

②人を慰める良き友「天」
　ウェーランドは、節度のある生活を論じる前編第4章「幸福」の中で、幸せになりたい人が守らなければなら

ない掟を列挙している。その中に、神との親しい関係をほのめかす次の一節がある。

〔原文〕4. They should be good. That is, they should in everything strive to serve and obey <u>God. This will give us the pleasure of gratitude, in addition to that derived from the reception of our daily mercies; it will give us comfort in trouble, all the pleasure of delightful intercourse with our best Friend, our Father in heaven, and the hope of being forever happy when we die.</u> Every one must allow, that really religious people, whether young or old, are much happier than any other persons. (4. 善良でなければならない。つまり、何事においても懸命に<u>神</u>に仕え従おうとしなければならない。<u>そうすることで私たちは、日々の与えられた恵みによる快楽に加え、感謝の喜びを得られるであろう。さらに、苦難の中の慰めや、私たちの最良の友である天におられる私たちの父と愉快な交際をする喜びや、死後に永遠の幸福を得る希望なども得られるであろう。</u>本当に信心深い人が、他の誰よりも、老若を問わず遥かに幸せであることは、誰でも認めるべき事実である。) [T-C/IV (p.46)]

〔阿部〕第四　善良ナルヘシ即チ毎事<u>天</u>ニ事ヘ<u>天</u>ニ従ハント務ムルヲ言フ蓋シ誠意ヲ以テ<u>天</u>ヲ敬スル人民ハ少長ノ別ナク他ノ人民ヨリ其楽ヲ得ル甚タ多キコト人皆之ヲ聽サ丶ルヲ得ス【前編：二十九丁表裏】

キリスト教の神が「あらゆる苦難に際してわたしたちを慰めてくださる」ことは、聖書にも書いてある[18]。宗教深い人は、毎日祈りなどをして神と「話す」習慣を持っているため、神は私たちの父だけでなく、何でも聞いてくれる親友のような存在でいてくれると信じている。神のこのような性質は、日本人の知っている「天」には持たせることが不可能に近いのではないだろうか。阿部泰蔵が当該部分を訳出していないのは、その理由があるかもしれない。こうして、訳文のこの一節では「天」の人間的で優しい性格が前面に出ることなく、「天に仕える・天に従う義務」が眼目とされている。

　ちなみに、他の訳者は「天上ノ朋友神ヤ父神ナト、イフ無上至尊ナル神」（山本）や「我々の此上もなき知己の朋友、即ち、天にまします大親爺」（神鞭）などと訳出している。なお、阿部訳における「天を敬する人民」（«really religious people»）は、山本などの「神ヲ信スル心アル者」と違って、やはり日本風になっている。日本語の「天」は、信じるか否かの存在よりも、その命に従うか否かの存在として捉えられている。

③死者の生前の罪を裁く「天」
　前項の事例では、ついでとして行われたと思われるか

---

[18]『コリントの信徒への手紙 二』1章4節。

もしれないが、死者が行く天国での永遠の幸福に関する言及が削除されている。もちろんその言及はキリスト教徒が信じている「天国での永遠の命」を前提にしているものである。ただ、すべての人間は、天国に行く前に、神の裁きを受けなければならない。それは、神が生前の行為によって死者の魂を裁いて天国か地獄に送るという審判である。『修身論』では、神は人を裁く（judge）という内容は、日本語では「賞罰する」に置き換えられていると、本章の第1節で示した通りである。確かに、日本語の「天」は仏教などの閻魔天（閻魔大王）ではないので、死後の世界で亡者を裁くなどのイメージはそもそもない。

　ウェーランドは、相互関係論の章の中で、「神は現世か来世のどちらかにおいて〈神に対する義務違反に〉報いる」（«our Maker, he will assuredly requite it, either in this world or in the next» [P2-C/I (p.104)]）と述べている。泰蔵はこれを「現世若クハ未来に於テ必ス天ノ罰ヲ受クヘシ」と訳して、仏語である「未来」の解釈を読者に任せている。現世に対する「来世」との理解もできるが、普通に「将来」と読めないわけではない。確かに人が天罰を受けるのは、生きたままの時が多い。いずれにせよ、問題は西洋と日本の来世観の違いではなく、死者が受ける裁判のことである。『修身論』の「天」は、日本語の「天」と同様に人を賞罰するものであり、死者の罪業を裁くものではない。

第5章

『修身論』の「天」
―― その意味と機能

一心愛天
己所欲施之於人

　以上の二句は、阿部泰蔵が『修身論』の巻頭にそれぞれ一面に亘って大きな文字で掲げている言葉である（図7）。一つ目は第4章で見た最高の掟「一心天を愛せよ」、

図7　阿部泰蔵訳『修身論 前編』初版（著者蔵）
　　巻頭を飾る漢文「一心愛天」、「己所欲施之於人」

二つ目は第3章で見た黄金律「己の欲するところ、これを人に施せ」という、キリスト教の基本原則を翻案して漢文で表現したものである。前者は、特に前編に見る言葉で、人間の美徳や良心に繋がる崇高な精神を表すものである。一方、後者は、文明社会における人間同士の相互関係論が展開される後編に現れ、社会倫理の根拠となる実践的なルールと言えるものである。慶應義塾でウェーランドの原書をしっかり読んだはずの泰蔵は、文部省に出仕して『道徳科学要論』の翻訳に当たったときに、間違いなく後編で紹介されている文明国の社会・経済・政治に関わる近代思想を意味する「実践倫理」の日本導入に感心を持っていたであろう。その中には、たとえば、自分が後に実業家となって日本の全国各地に広めた「保険」という概念の制度も紹介されていたのである[1]。そこで、後編の近代思想を日本の子供たちなどに紹介するために、特に前編では強い宗教色を帯びている内容の翻案を工夫して、当時の日本で受け入れられるものにする必要性が生じた。

Godの翻訳という問題に直面したのは、もちろん阿部泰蔵だけではない。ザビエルのようなカトリックの宣教師たちや聖書の翻訳者たちなどが苦難した話は現在でもとても有名である。但し、彼ら聖職者は、キリスト教を日本に布教する意図があったので、学制期の小学校で使われるために教科書を翻訳した識者たちとは条件が完全に異なっていた。

とにかく、明治初期の小学校に通う低学年の子供たちは、複数の教材でGodを訳した表現に出くわしていた。たとえば、「読物」の教科で使われた師範学校の有名な教科書『小学読本』(1873)の中に、「神」の字が出てくる。これは、同じ書物で使われる「天津神」や「神明」の同義語で、キリスト教の性格を帯びた日本の神であると、山口隆夫の研究で明らかになっている[2]。また、国語などの初級用教材として使われたアメリカ由来の「掛図」の中にも、「神」が現れる。具体的に、親族の名称を教える「第一連語図」は、「神ハ天地の主宰にして、人ハ万物の霊なり」から始まっている[3]。教室でこの一句を復唱する子供たちは、近所の神社などの神と理解していたことを想定するのが妥当であろう。なお、本書の第1章で見た修身教科書の中にも「神」が存在していた。たとえば、福澤諭吉『童蒙教草』に多神教神話のようなフィクション上の「神」が出てくる。一方、『民家童蒙解』の第二冊には、アメリカを舞台とした逸話の中でキリスト教の「天上の独一神」がそのまま言及されている。

---

1) 泰蔵は、諭吉が1868年に「生涯請合」「火災請合」「海上請合」などと訳していたものを、『修身論』ではまとめて、「危険保管〔ウケアイ〕」(insurance) と訳した。香港などで訳語として当てられた古語の「保険」と関連付けようとした可能性がある。
2) 山口隆夫の研究論文（1991）を参照。
3) 英語の «God is the ruler / lord of Heaven and Earth» ならびに «Man is the lord / king of (all) creation» の訳だと思われる。ここで引証された中国最古の歴史書『尚書』(『書経』)にある「万物の霊」は、明治初期の啓蒙思想家たちの中で特に福澤諭吉がよく使っていた。

最後に箕作麟祥『泰西勧善訓蒙』では、前編と後編の出版がキリスト教解禁の前後にまたがることから、それぞれ「天」と「上帝」との訳語が見られる。ただ、この二つは内容からすれば同義語で、キリスト教の意味を持っているため、あくまでも訳語選択という言葉遣いの違いであると思われる。

　一方では、第2章で見たウェーランド著の他の訳書の中にも、『修身論』のように「天」を使うものはない。たとえば、保田は「神」や「天つ神」、高木は主に「神祇」を使い、山本と平野は、あらゆる名称にキリスト教の神の意味を持たせている（前者は「上帝」、「神」、「神明」「アマツカミ」など、後者は「上帝」、「神天」、「天帝」、「神帝」など）。是洞は「神」と訳した後に割注でキリスト教の意味を補足し、神鞭は本文で中国や米国における名称を紹介した上で「我大日本にていふ、則ちかみさま、則ち天にましますわれらの親父さま」と表現している。親版を完訳した大井は、「上帝」に統一している。ちなみに、キリスト教的な意味で日本語の「神」が定着したのは1880年代に入ってからである。

　以上の訳者は、Godを意味するそれぞれの訳語の他に、ほとんど原文に沿って Creator / Maker を「造物神」などと、Preserver を「守護神」などとのように訳している。一方、泰蔵は、終始一貫して「天」と表現し、「造物者」を併用しているのは、幸福追求論（前編第4章）と相互関係論（後編第2部第1章）を扱う2章のみである。

当時アメリカの思想では、天賦人権と平等主義が認められるのは、『学問のすゝめ』の思想に持ち込まれた通り、人間はすべて神によって平等に「創造」されているからである。これを受けて『修身論』でも例外的に「造物者」という表現が使用されるものの、それは「天」の一つの性質を表した別名称であり、キリスト教の創造神を意味するものではない。

＊　＊　＊

　以上に言及した一部の文部省推薦の翻訳教科書や『道徳科学要論』の他の訳書と違って、『修身論』の中で原書のGodに対応する用語は、キリスト教の神を意味する単なる訳語ではない。また、阿部泰蔵の使う「天」とは、継続中のキリスト教禁止を受けてキリスト教の神を表すための「隠語」でもない。一方では、泰蔵が訳書の凡例で同書が洋書の翻訳であると紹介していることから、訳文で使われている「天」は普通の日本語と全く同じ「天」であるとは解釈しにくい。しかしそれでも、「天」は、本書で見たような異質的要素の一部が排除されたため、『修身論』の本文では特別にキリスト教の神を想定しないような存在となり、当時の日本人から見ても馴染みのある概念として理論の根拠となる機能を果たせている仕組みとして活用されている。その仕組みを構築するもう二つの要因は、次の二点に求めることができる。まずは、文中の「天」に実際に吸収された異質的要素が日

本文化にある程度まで受け入れられるものに限定されたということ。それに、同質的要素に関しては、キリスト教の神との共通点が強調されたと同時に、「天罰」や「本心」などの関連概念との結び付きによって日本文化寄りの言説が貫かれたこと。この二点に加えて、隣接概念の「聖書」や「イエス」の代わりに「古書」・「経典」や「聖人」・「先賢」などのような用語をもって文面ではキリスト教の殻を脱いだ倫理内容の性質が徹底して保たれたことも、もう一つ評価すべき要因である。

　阿部泰蔵が『修身論』の中で作り上げた「天」は、日本語のそのものがキリスト教的な特徴を一部のみ引き継ぎながら、日本文化を超越した意味の領域に昇華され、民族や宗教の別を問わない東西共通の普遍的な観念で、漠然とした「天」を意味するものである。そのような「天」になるためには、当時の日本人の集合的無意識の中から汲み出せる既成概念に対して強い親和性を持つことが必要であった。したがってその「天」は、自ら人間を創造し、人に加護と幸福の手段を与えるというような要因を、ある程度まで日本文化的な理解をもって吸収できたとしても、直接に人を愛し、良き友のように慰め、死後に魂を裁くという性質を異物として排除することで、他宗教などの異文化理解に対する心理的負担をほぼ完全に無くしたわけである。結局、『修身論』の「天」の最も斬新的で独特な特徴は、明示的に「愛」される対象になっているということである（表8）。

表8　阿部泰蔵訳『修身論』の「天」

要素の種類		性質・特徴	関連概念
同質的要素	受容要素	① 宇宙万物を主宰 ② 人間を道徳に導く ③ 人間が服従すべし ④ 人間を賞罰する ⑤ 罪を赦す	自然界の法則・天災 因果応報・本心/良心 天命・存亡 勧善懲悪・天罰 至誠天に通ず
異質的要素		① 人間を創造 ② 幸福の手段を提供 ③ 人間が愛すべし	相互関係論・隣人愛 天賦人権・幸福追求 敬天愛人（中村敬宇）
	排除要素	① 人を愛する ② 人を慰める良き友 ③ 死者の罪を裁く	敬天愛人（西郷隆盛） 父なる神・宗教・祈祷 死後の世界

　さらに、キリスト教の神より日本語の「天」の持つ性質が眼目された以上のような「天」は、明治政府が目的としていた新たな「秩序」を作り出す点で有効性を持っていた利点が挙げられる。明治日本が近代化のモデルにしていた「西洋」（西欧諸国）は、以前から統一した文明と見なされており、中世から民族の別を超えた普遍的で世界的な「統一的秩序」を可能にしていた原理は、キリスト教という宗教であった。つまり、ヨーロッパ各国の人々は、キリスト教という共通の信仰と価値意識を持つことで、共通の「社会秩序」の中にいた。そうした秩序は政治的なものだけでなく、同時に「宗教的・思想的・文化的な秩序としても意識」されることで「西欧は

はじめて統一的な世界となった」[4]。一方、アジアでは、似たような役割を果たしていたのは、他ならぬ「天」という抽象的概念であった。柳父章が次のように解説している。

> 「天」は、西欧文明におけるGodに対する意味がある。ヨーロッパが、中世以来Godの観念を通じて一つの世界をもっていたように、中国もまた、さまざまな異民族が併立、乱立しながら、「天」という基本的、共通普遍の理念をもって一つの世界を形成していた、と言えよう。[5]

つまり、統一した中央集権体制の近代国家を目指す明治日本では、王政復古の「天皇」にも繋がるこの「天」が、幕末維新という「激動する価値転換の時代のなかで、終始一貫して人々の精神を支えていた」のであり、「変革の時代の拠り所」となったのである[6]。キリスト教の教義や神の存在すら懐疑的に捉えられることもあったウェーランドのアメリカでは、キリスト教を弁護し、神の存在を強調する必要があった。それに対して、日本では「天」を弁護する必要はなく、逆にこの「天」が道徳や社会進歩など新しい時代に不可欠とされる価値を、古い時代と断絶しないまま連続させる働きをしていたのである。ウェーランドをはじめ19世紀の欧米思想家の一部は、変化しつつある世界で、キリスト教などの伝統を保持しながら革新を受容するという「秩序ある進歩」を提唱していた。藤原昭夫によれば、流動的な社会に置かれ

て知的安定と秩序を希求する当時のアメリカ人たちがこのアイデアに共鳴したことが、『道徳科学要論』が人気を博した理由の一つである[7]。一方、明治初期の日本ではウェーランドの抱いていたような志を遂げられるのは、「天」だったのである。前述のように、「天」は新たな秩序を作り出す上で、有効性を持ったわけである。ヨーロッパ（主に西欧）という「統一的な世界」は、近代日本という新しく「統一した天下」に相通ずるのではないだろうか。

＊　＊　＊

　以上は、『修身論』という訳書（訳文）を受け入れるべき文化の観点から、「天」の意味とその機能を評価した考察である。逆に、『道徳科学要論』という原書（原文）を生み出した文化の立場から考えれば、どう評価すべきであろう。

　最初の問題は、Godに代えて使われた「天」の多様で曖昧な意味である。そもそも、ウェーランドのようなキリスト教思想家は、自然科学と信仰の対立を解消するた

---

4) 中村雄二郎 他『思想史：歴史的社会を貫くもの』東京大学出版会（1967年）69－70頁。傍点は原文ママ。
5) 柳父章『翻訳の思想：「自然」とNATURE』平凡社（1977年）216頁。
6) 同上。
7) 藤原昭夫『フランシス・ウェーランドの社会経済思想：近代日本，福沢諭吉とウェーランド』日本経済評論社（1993年）102-103, 141-142頁を参照。

めに自然の法則を神が保証しているなどと提唱しながら、自然と神は別の存在であると主張していた。しかし、『修身論』に現れる「天」は、キリスト教における人格的な要素が排除されながら東洋的な特徴が表面化されている点で、自然現象の第一原因よりも一部自然そのものと同一化されてしまう可能性が極めて高い。内容と言葉遣いから見れば、訳文にある「自然の定則」と「天の定則」が混同しやすい場合が多い。また、倫理的な「天」の意味でも、日本語の「天罰」は「天災」という自然災害によって下される信念が存在していたことも一つの要因で、『修身論』においては西洋思想におけるnatureとGodの対立（区別）が見えなくなり、訳文は原著者の意図と真逆の受け取り方をもたらしかねないことを認めざるを得ない。

　もちろん、それよりもっと大きな問題がある。もしウェーランドが阿部泰蔵の書いた教科書を読んでいれば、遺憾の意を表明していたことは間違いない。原書では、道徳感覚や良心（自然宗教）などの不完全性を訴えて、権威ある聖書に基づく教義（啓示宗教）の重要性が強調されているのに対して、訳書では、キリスト教の教義内容、聖書、イエス・キリストなどの存在を真っ先に隠蔽されたり曖昧に表現されたりして、ほとんどの論拠は東洋的な特徴を保つ「天」と一般常識などで解釈される逸話やたとえ話に求められている。このような教科書は、ウェーランドの観点からすれば「異端」と見なして

よい「悪訳」であろう。まるでGodが存在しない世界観だからだ。

しかしながら、明治初期の日本人が必要としていたのは「神」ではなく、長い鎖国の間に欧米諸国で誕生した国民国家の民主主義的な思想、つまり、天賦人権と平等主義に基づく文明社会にふさわしい人間関係や政治・経済の新しい価値観を知ることであった。新しい教育制度の下でどの街にも不学の人なく、すべての国民は身を修め、智を開き、才芸を長ずることで、望まれていた文明開化が進み、殖産興業が盛んに行われ、富国強兵が達成され、ようやく日本は、独立を保って世界の先進国になるというのが目的であった。その夢を叶うために『五箇条の御誓文』に「智識を世界に求める」ことを掲げ、宣言していた。ただ、「智識」から「宗教」を取り除くフィルターをかける必要があったのである。

その中で、原書が自然の法則を神の意図に依拠させてその対立を両立に替えようとしていた点で、訳文では自然の力と超越的な存在の両方の意味を含蓄する「天」が用いられたことは、日本人にとっては理解しやすい啓蒙書を生み出したことを認めるべきである。

『修身論』の「天」は、啓蒙対象者の日本人的精神と既有知識を呼び出して土台にし、その上に世界万国に通じるとされた近代的な知識と価値観を積み上げ、日本人でもすっきり納得できる形で新しい教育制度の究極目標であった文明開化の思想を子供たちの脳に植え付けよう

とした試みから生じたものである。そのような「天」が求められた機能を効果的に果たしたおかげで、当時のニーズに応じた教科書・啓蒙書としての『修身論』は実践上の「良訳」となり、教室の外でも大きく普及し、大成功を収めたのである。

おわりに

　西洋文明の思想を日本に持ち込んで来た一部の翻訳教科書は、教育現場では黒船だったかのように現れ、十年も経たないまま学校の教室から姿を消してしまった。西洋化主義の風潮に乗って入り込んで来た人権思想や自由民権運動に対する批判が高まり、1880年代より忠孝仁義の儒教的な倫理思想が復古することになったからである。同時に、文明開化期にあれだけ世間の気受けが良かった「天」という一語も、福澤諭吉をはじめとする知識人たちの言説の中から消え去っていった。社会的風潮の変化により、西洋文化を円満に吸収するための媒体はもう必要とされていなかった。

　ほとんど机上の計画に終わった学制の下では修身の翻訳教科書がそこまで使われなかったことは事実である。しかし、阿部泰蔵のような訳者たちが子供たちの蒙を啓くために日本という場所と文明開化という時代のニーズを読み取り、志を高く持ちながら実際に使える教科書を

作ろうとした真摯な努力は、その文面から十分に窺える。元々の国では中学生から大人までの読者を対象とする難度の高い作品が、児童向けの啓蒙書として翻訳されたことはさらに興味深い。

　『修身論』は、唯一の文部省刊行の修身教科書として全国の小学校に大普及したので、少なくとも最初の1874〜77年までに、ある程度まで使われたと思われる。異質要素が薄くて、勧善懲悪や天罰を連想させるような道徳法の理論内容が子供にわかりやすいという「前編」が、特に使用されたであろう。さらに『修身論』は、ウェーランド・ブームという現象の中で、一般社会でも人気を博し、少なくとも1882年まで翻刻出版され続けたことなどから、学校から姿を消しても一般の人に愛読されたことが推測できる。特に、天賦人権や平等主義という近代の民主主義的価値観に基づくアメリカ社会の諸制度を語る「後編」が、世間で広く読まれたであろう。

　キリスト教の消失や「天」という仕組みの働きにより、原著者の観点からすれば「悪訳」のはずであるこの翻訳書は、逆に当時の日本人にあまり抵抗感を持たせずに文明社会の思想を伝播するという究極目的を果たせたという点で、「良訳」になったのである。このような「矛盾」を引き起こしながら大成功を収めたことが、阿部泰蔵訳『修身論』に認められる最大の特徴であろう。

＊　＊　＊

本書では、日米両国の思想・歴史的背景を踏まえながら、翻訳教科書『修身論』の真相を明らかにし、明治初期の教育史と翻訳史の一端を紹介した。最近の日本では、平成の終焉と共に明治維新150周年が迎えられ、明治は光と闇が交錯する時代だったことが再認識されている。ほぼ半世紀に及ぶ明治の歴史が再評価されつつある現在でも、明治初年の学制期（1873〜1879年）という短期間においては、門地や性別などを問わずすべての子供たちに教育を与え、小学校から新しい国家の国民になる児童たちに天賦人権や平等主義に基づく民主主義の理念を貫徹させようとした、志の高い人物たちがいたことは忘れてはならない。明治初期の日本人が、自分たちのアイデンティティを保ちながら近代化を目指し、進んでいる世界各国から素直に「文明」を獲得しようとしたことは、どれだけ難しいことだったか、それからどれだけ凄いことだったかを、現在だからこそ忘れないでほしい。

文献案内（もっと勉強したい人のために）

　文献の中に真面目に勉強できるものと楽しく読めるものを混ぜて入れました。研究書の場合は高価なものもありますので、図書館などのご利用をおすすめします。

ウェーランド・福澤諭吉・阿部泰蔵
小室正紀 編著『近代日本と福澤諭吉』慶應義塾大学出版会、2013年
福沢諭吉 著・山住正己 編『福沢諭吉教育論集』岩波文庫、1991年
藤原昭夫『フランシス・ウェーランドの社会経済思想：近代日本、
　　福沢諭吉とウェーランド』日本経済評論社、1993年
明治生命保険相互会社『本邦生命保険創業者 阿部泰蔵傳』1971年

教育史・教育思想史
安彦忠彦 他編著『よくわかる教育学原論』ミネルヴァ書房、2012年
天野郁夫『試験の社会史：近代日本の試験・教育・社会』（増補版）
　　平凡社、2007年
今井康雄 編『教育思想史』有斐閣アルマ、2009年
江島顕一『日本道徳教育の歴史:近代から現代まで』ミネルヴァ書
　　房、2016年
江藤恭二 監修・篠田弘 他編『新版 子どもの教育の歴史』名古屋大
　　学出版会、2008年
海後宗臣『明治初年の教育』評論社、1973年
北田耕也『明治社会教育思想史研究』学文社、1999年
小寺正一・藤永芳純 編『四訂 道徳教育を学ぶ人のために』世界思想
　　社、2016年
文部省『学制百年史』1972年【文部科学省のHPで閲覧可】

教科書
海後宗臣『日本教科書大系：近代編』〈全27巻〉講談社、1961-67年

―――『日本教科書大系：近代編』〈第1〜3巻：修身〉講談社、1961-62年

樹下龍児『近代日本の小学教科書：おもしろ図像で楽しむ』中央公論新社、2011年

滋賀大学附属図書館 編『近代日本の教科書のあゆみ：明治期から現代まで』サンライズ出版、2006年

中村紀久二『教科書の社会史』岩波書店、1992年

平田宗史『教科書でつづる近代日本教育制度史』北大路書房、1991年

キリスト教・聖書翻訳について

門脇清・大柴恒『門脇文庫 日本語聖書翻訳史』新教出版社、1983年

米井力也『キリシタンと翻訳：異文化接触の十字路』平凡社、2009年

鈴木範久『聖書の日本語：翻訳の歴史』岩波書店、2006年

Jasper, David (Ed.). *Translating religious texts: translation, transgression, and interpretation.* New York: St. Martin's Press, 1992 (foreword by George Steiner).

Nida, Eugene A. *Toward a Science of Translating: with special reference to principles and procedures involved in Bible translating.* Leiden: E.J. Brill, 1964.

翻訳研究：語彙

石塚正英・柴田隆行 監修『哲学・思想翻訳語事典』論創社、2003年

齋藤毅『明治のことば：文明開化と日本語』講談社、2005年

佐藤亨『幕末・明治初期語彙の研究』桜楓社、1986年

平石直昭『天』（一語の辞典）三省堂、1996年

柳父章『翻訳の思想：「自然」とNATURE』平凡社、1977年

―――『翻訳語成立事情』岩波書店、1980年

―――『ゴッドと上帝：歴史のなかの翻訳者』筑摩書房、1986年

―――『愛』（一語の辞典）三省堂、2001年

翻訳研究:翻訳史・翻訳論

安西徹雄 他編『翻訳を学ぶ人のために』世界思想社、2005年

杉本つとむ『長崎通詞ものがたり:ことばと文化の翻訳者』創拓社、1990年

惣郷正明『日本語開化物語』朝日新聞出版、1988年

─────『サムライと横文字』エンサイクロペディアブリタニカ、1977年

鳥飼玖美子 編著『よくわかる翻訳通訳学』ミネルヴァ書房、2013年

藤濤文子『翻訳行為と異文化間コミュニケーション:機能主義的翻訳理論の諸相』松籟社、2007年

丸山眞男・加藤周一『翻訳と日本の近代』岩波書店、1998年

柳父章 他編『日本の翻訳論:アンソロジーと解題』法政大学出版局、2010年

Clements, Rebekah. *A Cultural History of Translation in Early Modern Japan.* Cambridge University Press, 2017.

Levy, Indra. *Translation in Modern Japan.* Routledge, 2011.

Reynolds, Matthew. *Translation: A Very Short Introduction.* Oxford University Press, 2016.

学術論文

板倉卓造(1934)「『学問のすゝめ』とWayland's Moral Science」慶應義塾福澤先生研究會編(1940)『福澤諭吉の人と思想』岩波書店(63-76頁)に再録

伊藤正雄(1962)「福沢のモラルとウェーランドの『修身論』:主として『学問のすゝめ』および「中津留別の書」の典拠に関する一研究」伊藤正雄(1969)『福澤諭吉論考』古川弘文館(1-78頁)に再録

鈴木泰(1990)「ウェイランド『修身論』の語彙」『武蔵大学人文学会雑誌』第21巻第1・2号(295-316頁)

西川俊作(2003)「福沢諭吉,F.ウェーランド,阿部泰蔵」千葉商科大学『千葉商大論叢』第40巻第4号(29-48頁)

藤原昭夫（1995）「近代日本，福沢諭吉とウェーランド」慶應義塾大学『三田評論』第996号（26-38頁）

ミヤン・マルティン，アルベルト（2011）「阿部泰蔵『修身論（原典F. Wayland, *Elements of Moral Science*)』における「God」の翻訳をめぐって」同志社大学『一神教世界』第2巻（73-92頁）

ミヤン・マルティン，アルベルト（2011）「明治初期におけるフランシス・ウェーランド *Elements of Moral Science* の翻訳をめぐって：比較の手法による翻訳教科書の研究」大阪大学『間谷論集』第5号（15-40頁）

山口隆夫（1991）「宇宙創造神としての天津神：小学読本の神概念（2）（『小学読本』研究（4））」東京工業大学『人文論叢』17号（191-201頁）

山口隆夫（1994）「人間平等－福沢の夢ウェイランドの夢－『道徳科学要論』と『学問のすすめ』比較言語文化研究」東京工業大学『人文論叢』第20号（47-57頁）

山口隆夫（2004）「上帝か神か：明治初年GODはいかに表現されたか」『電気通信大学紀要』第16巻第2号（125-136頁）

Yamaguchi, Takao (2003). "Belief in People, Pursuit of Civilization: An Introduction to the Studies of *Elements of Moral Science* and Its Influence in the Early Meiji Era.『電気通信大学紀要』第15巻第2号（239-252頁）

刊行にあたって

　いま、「教養」やリベラル・アーツと呼ばれるものをどのように捉えるべきか、教養教育をいかなる理念のもとでどのような内容と手法をもって行うのがよいのかとの議論が各所で行われています。これは国民全体で考えるべき課題ではありますが、とりわけ教育機関の責任は重大でこの問いに絶えず答えてゆくことが急務となっています。慶應義塾では、義塾における教養教育の休むことのない構築と、その基盤にある「教養」というものについての抜本的検討を研究課題として、2002年7月に「慶應義塾大学教養研究センター」を発足させました。その主たる目的は、多分野・多領域にまたがる内外との交流を軸に、教養と教養教育のあり方に関する研究活動を推進して、未来を切り拓くための知の継承と発展に貢献しようとすることにあります。

　教養教育の目指すところが、単なる細切れの知識で身を鎧うことではないのは明らかです。人類の知的営為の歴史を振り返れば、その目的は、人が他者や世界と向き合ったときに生じる問題の多様な局面を、人類の過去に照らしつつ「今、ここで」という現下の状況のただなかで受け止め、それを複眼的な視野のもとで理解し深く思惟をめぐらせる能力を身につけ、各人各様の方法で自己表現を果たせる知力を養うことにあると考えられます。当センターではこのような認識を最小限の前提として、時代の変化に対応できる教養教育についての総合的かつ抜本的な踏査・研究活動を組織して、その研究成果を広く社会に発信し積極的な提言を行うことを責務として活動しています。

　もとより、教養教育を担う教員は、教育者であると同時に研究者であり、その学術研究の成果が絶えず教育の場にフィードバックされねばならないという意味で、両者は不即不離の関係にあります。今回の「教養研究センター選書」の刊行は、当センター所属の教員・研究者が、最新の研究成果の一端を、いわゆる学術論文とはことなる啓蒙的な切り口をもって、学生諸君をはじめとする読者にいち早く発信し、その新鮮な知の生成に立ち会う機会を提供することで、研究・教育相互の活性化を図ろうとする試みです。これによって、研究者と読者とが、より双方向的な関係を築きあげることが可能になるものと期待しています。なお、〈Mundus Scientiae〉はラテン語で、「知の世界」または「学の世界」の意味で用いました。

　読者諸氏の忌憚のないご批判・ご叱正をお願いする次第です。

慶應義塾大学教養研究センター所長

アルベルト・ミヤン マルティン（Alberto Millán Martín）
慶應義塾大学経済学部専任講師。1982年にミヤン家とマルティン家の間に生まれ、スペイン・マヨルカ島出身。バルセロナ自治大学翻訳通訳学部卒業。上智大学比較文化学部に一年留学。日本政府JETプログラムの国際交流員として山口県立大学に一年勤務後、大阪大学大学院言語文化研究科で博士号を取得。博士（大阪大学、日本語・日本文化、2011年）。同志社大学グローバル地域文化学部助教を経て現職。福澤研究センター所員。専門分野は日本研究（幕末維新・教育思想史）、翻訳学（翻訳論・翻訳史研究）、スペイン語学（歴史言語学・記述文法）。

慶應義塾大学教養研究センター選書19

『修身論』の「天」
── 阿部泰蔵の翻訳に隠された真相

2019年3月31日　初版第1刷発行

著者─────────アルベルト・ミヤン マルティン
発行─────────慶應義塾大学教養研究センター
　　　　　　　　　代表者　小菅隼人
　　　　　　　　　〒223-8521　横浜市港北区日吉4-1-1
　　　　　　　　　TEL：045-563-1111
　　　　　　　　　Email：lib-arts@adst.keio.ac.jp
　　　　　　　　　http://lib-arts.hc.keio.ac.jp/
制作・販売所───慶應義塾大学出版会株式会社
　　　　　　　　　〒108-8346　東京都港区三田2-19-30
装丁─────────斎田啓子
印刷・製本───株式会社 太平印刷社

©2019 Alberto Millán Martín
Printed in Japan　　ISBN978-4-7664-2599-4